DIE

INSTITUTIONENGLOSSEN

DES

GUALCAUSUS

UND DIE ÜBRIGEN IN DER HANDSCHRIFT 328
DES KÖLNER STADT-ARCHIVS ENTHALTENEN ERZEUGNISSE
MITTELALTERLICHER RECHTSLITTERATUR

ALS

ENTGEGNUNG GEGEN FLACH

BESPROCHEN UND NEU HERAUSGEGEBEN

VON

HERMANN FITTING.

BERLIN.
J. GUTTENTAG, VERLAGSBUCHHANDLUNG.
1891.

Inhalt.

I. Einleitung.

I. Auf den heftigen Angriff, welchen meine Schriften und Ansichten über die Geschichte der Rechtswissenschaft im früheren Mittelalter vor sechs Jahren von Seite Conrat's zu bestehen gehabt haben, ist unlängst ein neuer, nicht minder heftiger gefolgt in dem Buche von Jacques Flach: „Études critiques sur l'histoire du droit romain au moyen âge avec textes inédits" (Paris, L. Larose et Forcel, 1890). Und zwar nach gleicher Richtung. Wie Conrat, so wendet sich Flach gegen den Satz, dass zu allen Zeiten des Mittelalters ein wissenschaftlich zu nennendes Studium des römischen Rechtes bestanden habe, und dass sonach die Arbeit der Bologneser Glossatorenschule mit der rechtswissenschaftlichen Thätigkeit des Alterthums durch eine ununterbrochene Überlieferung verknüpft sei. Diese Lehre, für welche er mich und (unverdiente Ehre!) mich allein verantwortlich macht, entbehre bei näherer Betrachtung jedes thatsächlichen geschichtlichen Bodens; sie sei ein reines Phantasiegebäude, errichtet bloſs auf dem luftigen Grunde einer allgemeinen Theorie, nämlich der unsere Zeit beherrschenden Lieblingstheorie von der Nothwendigkeit der Annahme einer steten langsamen und allmählichen Entwickelung. Der Umstand aber, dass sie einer solchen herrschenden Geistesrichtung entspreche, mache es auch leicht erklärlich, dass sie nicht bloſs in Deutschland, wo sie entstanden, sondern auch in Belgien, Italien und Frankreich eine rasche und bereitwillige Aufnahme gefunden habe.

Aus dieser Darstellung Flach's erhellt, dass es doch auch ihm an einer recht lebhaften Phantasie nicht gebricht. Denn in der That wurde der „neuen Lehre“ der Weg nicht so leicht gemacht. Sie hatte vielmehr von Anfang an und bis auf die neueste Zeit mit den bittersten und stets wiederholten Anfechtungen zu kämpfen; Flach's Werk ist ja dafür ein schlagender Beweis. Nur langsam und nur durch unverdrossene Ausdauer gelang es ihr, erst in engeren, dann freilich in immer weiteren Kreisen festen Fuſs zu fassen. Der Grund dieses Erfolges lag aber nicht darin, dass ihr eine herrschende Vorstellung allgemeiner Art entgegengekommen wäre, sondern lediglich in dem überzeugenden Gewichte der zu ihren Gunsten beigebrachten geschichtlichen Thatsachen, dem man sich bei einigermaſsen unbefangener Betrachtung schlieſslich nicht mehr entziehen konnte.

Flach selbst sieht sich ja (p. 8) genöthigt anzuerkennen, dass zufolge der Arbeiten der „neuen Schule“ der Standpunkt Savigny's nicht mehr überall haltbar sei. Auch gibt er von vornherein (p. 15) ausdrücklich die wichtigste ihrer Behauptungen zu, die Behauptung nämlich, dass nicht erst mit Irnerius die wissenschaftliche Behandlung des römischen Rechtes neu beginne; denn während eines Zeitraums von mindestens fünfzig Jahren seien wenigstens Versuche einer solchen Behandlung vorausgegangen. (Nach p. 102 würde freilich die Übergangszeit erst mit 1070 oder 1080, nach p. 122 ss. dagegen schon mit dem Anfange des 11. Jahrh. beginnen.)

II. Flach geht aber bei schärferer Betrachtung mit seinen Zugeständnissen noch sehr viel weiter. Denn erstens räumt er (p. 104 ss.) vorbehaltlos ein, dass zu allen Zeiten des früheren Mittelalters, vom 6. bis zum 11. Jahrh., auf den Schulen mündlicher Rechtsunterricht ertheilt worden sei; und freilich wäre das gegenüber den zahlreichen dafür in meiner Schrift über die Anfänge der Rechtsschule zu Bologna S. 12 ff. beigebrachten Belegen schwer zu bestreiten gewesen. Nur meint er, das beweise nichts für das Vorhandensein eines wissenschaftlichen Rechtsbetriebes, weil es sich dabei überall blofs um eine ganz dürftige und elementare, auf den Schulen der liberales artes den Schülern noch im Knabenalter bei Gelegenheit der Lehre der Grammatik und der Rhetorik nebensächlich ertheilte Rechtsunterweisung handle. Ich habe bereits in der genannten Schrift S. 28 ff. selbst ausgeführt, dass der Rechtsunterricht auf den gewöhnlichen Schulen der liberales artes den Umständen nach nur ein sehr unvollkommener habe sein können. Allein, wenn man die Rechtskenntniss für so wichtig hielt, dass man, weit über die Anforderungen unserer Zeit hinaus, eine gewisse Vertrautheit mit den juristischen Dingen zur allgemeinen Bildung rechnete und das Recht daher schon auf den Mittelschulen (man gestatte den modernen Ausdruck!) zum Gegenstande des Unterrichtes machte: ist dann nicht von vornherein zu vermuthen, dass es stets auch Männer gab, welche die auf einer solchen Schule gewonnene Rechtskunde zu erweitern und zu vertiefen, also das Recht, insbesondere das römische, wissenschaftlich zu erfassen und zu behandeln suchten? Handelte es sich doch bei tieferer Rechtskenntniss nicht um einen blofsen, praktisch werthlosen Luxusartikel, und musste doch das römische Recht durch die ganze Beschaffenheit seiner Quellen von selbst zu wissenschaftlichem Studium anlocken. Dass es aber wirklich, und zwar schon am Ende des 7. Jahrh., d. h. zu einer nach Flach's Behauptungen (p. 102, 108, 122) jeder wissenschaftlichen Beschäftigung mit dem römischen Rechte entbehrenden Zeit, an einem wissenschaftlichen Studium desselben nicht gänzlich fehlte, und dass es damals sogar auch Lehrer gab, welche sich mit höherer und wissenschaftlicher Unterweisung im römischen Rechte befassten, dafür habe ich mich (a. a. O. S. 17 und 34) auf folgende Stelle in einem Briefe Aldhelm's, Abtes zu Malmesbury 675—705, berufen:

Neque enim parva temporum intervalla in hoc lectionis studio protelanda sunt; ei dumtaxat qui sollerti sagacitate legendi succensus legum Romanorum iura medullitus rimabitur et cuncta iurisconsultorum decreta imis precordiis scrutabitur — —. cuius rei studiosis lectoribus tanto inextricabilior obscuritas pretenditur, quanto rarior doctorum numerositas repperitur.

Flach beschäftigt sich mit diesem wichtigen und geradezu entscheidenden Zeugnisse, bezeichnend genug, nur in einer Anmerkung (p. 105 not. 2). Den ersten der von mir daraus gezogenen Schlüsse ficht er nicht an, und er würde auch Angesichts der Fassung der Stelle mit einer solchen Anfechtung wenig Glück gemacht haben. Anstatt des zweiten aber findet er vielmehr in dem Briefe den „evidenten" Beweis, dass seit dem 7. Jahrh. derjenige, welcher das römische Recht ein wenig tiefer studiren wollte, völlig auf Selbststudium angewiesen war. Und zwar gewinnt er diesen Beweis sehr einfach so, dass er die Stelle wörtlich mittheilt, aber — bloſs bis „scrutabitur"! Dies Beispiel genügt, um die ganze Flüchtigkeit und Einseitigkeit der Arbeit Flach's in helles Licht zu setzen.[a]

III. Ein zweites, was Flach eben so wenig bestreitet, und was sich auch auf dem gegenwärtigen Stande der Forschung, namentlich gegenüber der zusammenfassenden Darstellung, welche neuerdings Conrat in seiner „Geschichte

---

[a]) Einen weiteren Beleg dieser Flüchtigkeit liefert gleich die folgende Anmerkung (p. 106 not. 1). Einer Stelle aus der Biographie des Lanfrancus von Milo Crispinus, welche ihrem klaren Wortlaute nach nur sagt: Lanfrancus sei vom Knabenalter an in den liberales artes und im weltlichen Rechte unterrichtet worden, und habe dann schon als ganz junger Mann (adolescens) bejahrte und gereifte Gegner (veteranos adversantes) häufig als gerichtlicher Redner besiegt, gibt er die seltsame Deutung: der Unterricht in der Grammatik und im Rechte sei im Kindesalter (im Texte spricht er vom Alter unter zwölf Jahren), der Unterricht in der Rhetorik dagegen erst im Jünglingsalter ertheilt worden. Zum Überflusse geräth er damit noch in offenen Widerspruch mit seiner (richtigen) Darstellung auf p. 105, wonach der Rechtsunterricht nicht sowohl mit der Unterweisung in der Grammatik, als vielmehr mit derjenigen in der Rhetorik verbunden war.

der Quellen und Literatur des römischen Rechts im früheren Mittelalter“ gegeben hat, gar nicht bestreiten lässt, ist die Thatsache, dass das Recht und insbesondere auch das römische Recht zu allen Zeiten des früheren Mittelalters, vom 6. bis zum Ende des 11. Jahrh., eine gewisse schriftstellerische Bearbeitung erfahren hat. Aber gerade diese Schriften, meint Flach (p. 102), liefern den augenscheinlichen Beweis, dass vom 7. bis zum Ende des 11. Jahrh. von einem wissenschaftlichen Betriebe des römischen Rechtes nicht die Rede sein kann.

Das führt, wie man sieht, auf die Frage: was ist wissenschaftlich, und was nicht? Ich habe mich darüber zu wiederholten Malen geäußsert, nicht allein in meiner Schrift über die Anfänge der Rechtsschule zu Bologna S. 68 fg., sondern schon früher in der Zeitschrift der Savigny-Stiftung für Rechtsgeschichte Band VII. Rom. Abth. Heft 2 S. 14 ff. Man hätte daher wohl erwarten dürfen, dass auch Flach auf diese Frage näher eingegangen wäre, welche für ihn nach Bewandtniss der Umstände als der eigentliche Kernpunkt des Streites erscheinen musste. Er hat das indessen nicht nöthig gefunden. Nach seiner Meinung (p. 52) ist einfach nur zu prüfen, ob der fortdauernde Gebrauch der römischen Rechtsquellen „a été le fait de jurisconsultes dignes de ce titre et non de vulgaires praticiens ou de simples grammairiens“, und diese Begriffe stehen ihm offenbar a priori so fest, dass er es nicht der Mühe für werth hält, darüber ein Wort zu verlieren. Auch ich will diesem Beispiel folgen, aber aus dem umgekehrten Grunde, weil mir für den „jurisconsulte digne de ce titre“ und für seine Unterscheidung von dem „vulgaire praticien“ und „simple grammairien“ jeder objective Maſsstab fehlt. Überhaupt lässt sich, wie jeder Unbefangene zugeben wird, die Grenze des Wissenschaftlichen mit Schärfe gar nicht ziehen. Auch hat die Vorstellung der Wissenschaftlichkeit offenbar etwas sehr relatives. Was vom Standpunkte des 19. Jahrh. als unwissenschaftlich erscheint, muss deswegen nicht nothwendig auch der Auffassung des 8. oder 9. Jahrh. als unwissenschaftlich erschienen sein; nur darauf aber kann es doch ankommen, ob jedes Jahrhundert des früheren Mittelalters nach dem Maſsstabe seiner Anschauung und seiner allgemeinen geistigen Bildung einen wissenschaftlichen Betrieb des Rechtes besessen hat oder nicht.

Weil man sich aber aus allen diesen Erwägungen über die Abgrenzung des Wissenschaftlichen vom Unwissenschaftlichen schwerlich jemals einigen wird, so habe ich aus der Anerkennung der „Wissenschaftlichkeit“ der Jurisprudenz des Zeitalters vom Ausgange des Alterthums bis zum Auftreten der Glossatorenschule auch gar keine Cabinetsfrage gemacht, vielmehr in der genannten Zeitschrift a. a. O. ausdrücklich erklärt: für die Hauptfrage, ob die Rechtswissenschaft des 12. Jahrh. ohne Anknüpfung an eine frühere Jurisprudenz bloſs aus der Beschäftigung mit dem Corpus iuris selbst hervorgegangen sei, oder auf einer solchen früheren Jurisprudenz fuſse und durch ihre Vermittelung mit der Jurisprudenz des Alterthums in einem ununterbrochenen Zusammenhange stehe, — für diese Hauptfrage sei es völlig gleichgültig, ob, gesetzt dass das zweite richtig, diese vermittelnde Jurisprudenz als eine „wissenschaftliche“ oder als eine „handwerksmäſsige“ zu betrachten sei. Dass aber diese Hauptfrage in jenem zweiten Sinn zu beantworten ist, kann nach den von Chiappelli, Lo studio bolognese p. 97 segg., mitgetheilten Ergebnissen seiner Vergleichung von Schriften der Glossatoren mit vorirnerischer Litteratur, namentlich seiner Vergleichung der Accursischen Glosse mit der Turiner Institutionenglosse und der Pistoieser Glosse zum Codex, gar nicht mehr bezweifelt werden. Auch zeigen diese wichtigen Vergleichungen, welche Flach nicht einmal zu kennen scheint, dass die Glossatoren in Ansehung der Wissenschaftlichkeit doch etwas anders dachten als Flach, und z. B. die genannte Pistoieser Glosse, welche dieser (p. 75 ss.) für ein gänzlich unwissenschaftliches Machwerk erklärt, doch für einigermaſsen wissenschaftlich gehalten haben müssen; denn sonst würden sie sie wohl schwerlich einer noch in der Accursischen Glosse fortwirkenden und erkennbaren Benutzung gewürdigt haben.

IV. Damit könnte ich meine Entgegnung gegen Flach recht füglich schliefsen. Denn alles, worauf es mir wesentlich ankommt, die während des ganzen früheren Mittelalters ununterbrochene Fortdauer des Rechtsunterrichtes und der schriftstellerischen Bearbeitung des Rechtes, insbesondere des römischen Rechtes, und der Zusammenhang dieser Litteratur mit derjenigen der Bologneser Schule, ist ja von Flach nicht bestritten und nicht bestreitbar. Das einzige aber, was er bestreitet, der wissenschaftliche Charakter jenes frühmittelalterlichen Rechtsbetriebes, ist für mich etwas so nebensächliches, dass ich mir jedes Eingehen auf die Beweisführung Flach's ersparen und mich mit einem Hinweise auf meine Ausführungen in der Schrift über die Anfänge der Rechtsschule zu Bologna S. 68 ff. begnügen dürfte.

Allein Flach hat mir selbst, freilich ohne es zu wollen und zu wissen, ein neues Vertheidigungsmittel verschafft, welches für die Geschichte der Bearbeitung des Rechtes vor dem Auftreten der Bologneser Schule von so grofser und entscheidender Bedeutung ist, dass ich es im Interesse der Wissenschaft nicht mit Stillschweigen übergehen darf, vielmehr in seiner umfassenden Erörterung und Verwerthung die Hauptaufgabe dieser Schrift zu erblicken habe. Ich muss mich darüber näher erklären.

In der von Conrat im Archivio giuridico XXXIV. p. 105 segg. herausgegebenen Kölner Institutionenglosse findet sich als Gl. 108 dieser Conrat'schen Ausgabe (Gl. 134 meiner unten folgenden Ausgabe) zu dem Satze in §. 8 Inst. de mandato III, 26: „Is qui exsequitur mandatum, non debet excedere fines mandati“ die nachstehende Bemerkung:

> dicente Geminiano, quando mandatum certis finibus concluditur, tunc nullus mandati fines excedere debet.

Das ist offenbar ein Citat, wenn auch der ganzen Fassung nach kein wörtliches; denn sonst müsste es statt

„dicente Geminiano“ heifsen: „Geminianus dicit“.[a] Ich habe mich für berechtigt gehalten und halte mich trotz aller spöttischen Bemerkungen Flach's (p. 33 ss.) noch jetzt für berechtigt, dieses Citat auf eine Sammlung von Rechtsregeln zu beziehen, welche zu ihrer Zeit viel gebraucht worden sein muss, weil Bruchstücke daraus als capp. 2, 3 in den ersten Anhang der Exceptiones Legum Romanorum des Petrus und als capp. 39, 40 in das sog. fünfte Buch dieses Werkes aufgenommen worden sind, und worin zu obiger Regel der Institutionen der beschränkende Zusatz gemacht wird: „in mandato certos habente fines“. Hieraus ergab sich von selbst der weitere Schluss (Anfänge der Rechtsschule zu Bologna S. 65), dass gedachte Sammlung dem 11. Jahrhundert angehöre; denn nach Conrat (p. 105 seg.) ist die Kölner Handschrift, Text und Glosse, am Ende des 11. oder am Anfange des 12. Jahrh. geschrieben. Freilich sagt er auf p. 106, dass einige Glossen von späterer Hand herzurühren schienen („alcune poche glosse che sembrano derivare da mano posteriore“), und er erklärt auf p. 125 die Glosse 108 für eine solche, welche offensichtlich zu diesen später geschriebenen gehöre. Und das nimmt denn Flach (p. 25, 35) in seiner Weise ohne weiteres als ausreichenden Anhalt, um jene Glosse („de beaucoup postérieure à l'âge du MS.“!) dem 12. oder vielleicht dem 13. Jahrh. zuzuschreiben und den Geminianus für einen „obscur professeur du XIIe ou du XIIIe siècle“ zu erklären.

Um über diese für mich nicht ganz unwichtige Frage ein bestimmteres Urtheil zu gewinnen, und um überhaupt die interessante Kölner Glosse näher kennen zu lernen, gab es ein einfaches Mittel, die eigene Einsicht der Handschrift. Sie wurde mir zufolge der liberalen Satzungen des Kölner Historischen Archivs mit dankenswerthester Bereitwilligkeit

---

[a]) Der Sinn ist: Nach dem, was Geminianus sagt, darf dann keiner die Grenzen des Mandates überschreiten, wenn dieses ein bestimmt begrenztes ist.

durch Sendung der Handschrift an die hiesige Universitätsbibliothek auf mehrere Wochen gestattet. Da führte mich denn aber schon das erste flüchtige Blättern zu einer Entdeckung, gegen welche die obige Frage ganz in den Hintergrund trat, und welche zu den schönsten und wichtigsten gehört, welche auf dem Gebiete der frühmittelalterlichen juristischen Litterärgeschichte zu machen waren; zu der Entdeckung nämlich, dass die Kölner Institutionenglosse in ihren Hauptbestandtheilen von dem bisher nur als Langobardisten bekannten berühmten Juristen Gualcausus oder Walcausus herrührt.[b]

Wegen der wichtigen Folgerungen, welche sich nach allen Seiten an diese neugewonnene Erkenntniss knüpfen, schien es mir geboten, sie zum Gegenstande einer selbständigen Schrift zu machen und mit ihrer Besprechung eine neue Ausgabe der von Conrat weder vollständig noch auch überall genau veröffentlichten Kölner Institutionenglosse zu verbinden. Weil aber die anderen in der Kölner Handschrift enthaltenen Erzeugnisse der mittelalterlichen Rechtslitteratur, die von Klenze bekannt gemachten fingirten Constitutionen und die von Cramer, Hänel und Conrat jedesmal nur in einer beschränkten Auswahl herausgegebenen Glossen zu Julian's Novellenauszug, zu jener Institutionenglosse die engsten Beziehungen zeigen, so habe ich die Besprechung auch auf sie miterstreckt und auch von ihnen neue Ausgaben geliefert.

Ich muss nun zuvörderst die Handschrift näher beschreiben, weil die bisherigen Beschreibungen von Cramer in der Zeitschrift für geschichtliche Rechtswissenschaft Band VIII S. 132 ff., von Hänel in der Vorrede zu seiner Ausgabe

---

[b]) Walcausus heifst er in allen Urkunden, in denen er vorkommt; auch lautet so jedesmal seine eigene Unterschrift. S. Mon. Germ. hist. Legg. t. IV. p. LXXXII. sq. Weil er aber in der Kölner Handschrift Gualcausus (eigentlich: Guualcausus) genannt wird, so bediene ich mich in der Folge ebenfalls dieser italianisirten Namensform.

der Epitome Iuliani p. XII. sq. und von Conrat a. a. O. p. 105 seg. nicht erschöpfend sind und gerade einige der wichtigsten Punkte bei Seite lassen.

II. Allgemeine Beschreibung der Kölner Handschrift.

V. Die Pergamenthandschrift 328 des Historischen Archivs der Stadt Köln stammt aus der reichen Sammlung, welche der frühere Professor an der Universität zu Köln, Ferd. Franz Wallraf (geb. 1748, gest. 1824), zusammengebracht und der Stadt Köln vermacht hat. Woher Wallraf sie erworben, ist leider nicht zu ermitteln.[a] Nach Wallraf's Tode befand sie sich zunächst in der städtischen Bibliothek zu Köln und war hier mit X, 8 bezeichnet. Seit einigen Jahren ist sie jedoch dem Historischen Archiv einverleibt und trägt die obige Bezeichnung.

Als Cramer sie im Jahr 1831 oder 1832 sah, hatte sie nach seiner Beschreibung (S. 134) noch keinen Einband;

---

[a]) Fol. 2 (1)a sind am Ende des Prooemium. Institutionum vier Zeilen, wahrscheinlich die Angabe eines früheren Besitzers, vollständig wegradirt. Auf der sonst leeren Rückseite des letzten Blattes steht oben von einer Hand wohl noch des 12. Jahrh.

J nomi x · ne · x · DO · M · I · x · N · I · x · noſtrj ih̄s cristi · ✣ · x · fi · n · x · t · fi · c · n · n · p · x ·

und dann das auf „cristi“ folgende noch dreimal wiederholt. Man kann daraus die Vermuthung ableiten, dass die Handschrift einmal einem Kloster oder einer sonstigen geistlichen Anstalt gehört habe. Mir kam der Gedanke, ob sie nicht diejenige sein möchte, welche Jos. Ant. v. Riegger (Alte und neue civilistische Literatur St. I. S. 15—34) nach der Mitte des vorigen Jahrhunderts in dem Cisterzienserkloster Seyſsenstein bei Melk gesehen hat, und welche nach Schrader, Prodromus corp. iur. civ. p. 66 sq. seit der Aufhebung dieses Klosters unter Joseph II. verschollen ist. Allein die flüchtigste Vergleichung der Angaben Riegger's über die gedachte Handschrift genügte, um mich von ihrer Verschiedenheit von der Kölner Handschrift zu vergewissern.

denn was er den Einband nennt, das sind in der That Stücke der Handschrift selbst. Jetzt ist sie — wenig geschmackvoll — in Pappe mit hellbraunem Lederrücken gebunden. Ein bei dieser Gelegenheit eingefügtes Vorsetzblatt von weifsem Papier trägt, ebenso wie die Vorderseiten der beiden ersten Pergamentblätter und die Rückseite des letzten Pergamentblattes, den Stempel des „Archivs der Stadt Köln".

Die Handschrift selbst besteht aus 109 Pergamentblättern, $30\frac{1}{2}$ Centimeter hoch, 18 Centimeter breit und vom zweiten anfangend mit Bleistift numerirt. Das überall auf der einen Seite glatte, auf der anderen rauhe Pergament deutet in Verbindung mit dem Inhalt und mit manchen Eigenthümlichkeiten der Orthographie mit Bestimmtheit auf italienischen Ursprung hin.

Ihrem ursprünglichen und Hauptinhalte nach setzt sich die Handschrift im Grunde aus zwei verschiedenen Handschriften zusammen, nämlich aus den Institutionen Justinian's — f. 2 (1) a bis f. 60 (59) a — und aus dem Novellenauszuge des Julian — f. 62 (61) a bis f. 109 (108) a.[b] Beide Werke sollten aber ohne Zweifel von Anfang an ein zusammengehöriges Ganzes bilden; denn sie sind von den nämlichen beiden Schreibern mit derselben gelblich-braunen Tinte nach dem gleichen Linienschema geschrieben (die Linien von $10\frac{1}{2}$ Centim. Länge — zuerst in der Regel 43, von f. 52 (51) an in der Regel 45 zwischen je zwei senkrechten links und rechts — mit dem Zirkel abgetheilt und auf der rauhen Seite des Pergamentes mit farblosem Stifte eingedrückt), und sie sind sodann von demselben Miniator in ganz entsprechender Weise verziert. Insbesondere ist das grofs und prächtig ausgeführte I, womit sowohl der Text der Institutionen wie derjenige des Julian beginnt,

---

[b]) Ich bezeichne die Blätter hier und in der Folge immer mit der richtigen Zahl, setze aber in Klammer die Zahl nach Mafsgabe der Bleistiftnumerirung in der Handschrift bei.

genau entsprechend stilisirt: ein Löwenkopf, welcher nach unten in Arabesken ausläuft.

Jene Schreiber hatten sich in die Arbeit von vornherein in der Weise getheilt, dass jedem etwa die Hälfte sowohl der Institutionen als des Julian zufiel. Und zwar sind von dem ersten die 1., 2., 3. und 5. Lage der Institutionen sowie die 4., 5. und 6. Lage des Julian, von dem zweiten die 4., 6. und 7. Lage der Institutionen sowie die 1., 2. und 3. Lage des Julian geschrieben. Die Lagen sind sämmtlich Quaternionen[c] mit Ausnahme der 4. Lage der Institutionen. Weil nämlich für dasjenige, was hier dem zweiten Schreiber zu schreiben oblag, ein Quaternio nicht ausreichte, zwei Quaternionen aber zu viel waren, so nahm er ausnahmsweise eine Lage von fünf Doppelblättern. Damit kam er jedoch schliefslich nicht aus, zumal da seine Schrift etwas gröfser ist als diejenige des ersten Schreibers. Er schaltete daher zwischen dem 9. und 10. Blatte ein Doppelblatt — f. 33 (32) und f. 34 (33) — ein. Das war aber wieder etwas zu viel, und so sind auf der letzten Seite der ganzen Lage — f. 35 (34) b — 14 Zeilen leer geblieben. Hingegen reichte auf der letzten Seite der 5. Lage der Institutionen der Raum des Linienschemas für drei Wörter nicht mehr aus, und diese sind daher unter der letzten Zeile beigefügt. Endlich wurde für den am Ende der 7. Lage noch übrig bleibenden, mit den Wörtern „armis in tertiam partem" des §. 8 Inst. IV, 18 beginnenden Rest des Institutionentextes ein einzelnes Pergamentblatt — f. 60 (59) — angeklebt. Die Schrift der beiden Schreiber ist einander so ungemein ähnlich, dass sie vielfach kaum zu unterschei-

[c]) Am Ende des ersten und des zweiten Quaternio — f. 7 (6) b und f. 15 (14) b — steht die Quaternionenbezeichnung. Vom ersten Quaternio fehlt aber ein Doppelblatt, nämlich das zweite Blatt (§. 3 Inst. I, 5 „[discri]mino habito, sicuti antea observabatur" rel. bis §. 2 in f. Inst. I, 8 „ita ut in potes[tatem]") und das siebente Blatt (§. 6 Inst. I, 12 „fictione pristina explosa" rel. bis §. 1 Inst. I, 16 „libertatem amittit").

den ist. Beide haben, wie aus der Farbe der Tinte und aus der Gestalt der Schriftzüge erhellt, gleichzeitig mit dem Texte, und also zweifellos aus der Handschrift, welche ihnen zur Vorlage diente, auch zahlreiche Randbemerkungen abgeschrieben, von welchen später noch näher die Rede sein wird. Da die letzteren durchweg sehr correct geschrieben sind, so kann die äußerst fehlerhafte Beschaffenheit des Textes nicht, wie es von Cramer S. 138 und von Hänel p. XII. geschieht, ohne weiteres dem Unverstande oder der Nachlässigkeit jener Schreiber zur Last geschrieben werden, sondern nur entweder der Fehlerhaftigkeit ihrer Vorlage oder dem Umstande, dass diese in einem ihnen nicht ausreichend vertrauten Schriftcharakter geschrieben war, oder beidem zugleich. Überdies haben sie sich mit der Verbesserung ihres Werkes große Mühe gegeben.

Denn sowohl die Institutionen wie der Julian sind, und zwar noch ehe der Miniator in Thätigkeit trat, von den nämlichen Schreibern, oder von einem von ihnen, durchcorrigirt worden, die Institutionen meist mit etwas dunklerer, der Julian mit hellerer, sehr gelber Tinte. Dies kann nur mit Hülfe je einer anderen Handschrift als der zur Vorlage benutzten geschehen sein; denn bei der Gelegenheit sind auch fehlende Titelüberschriften der Institutionen (z. B. Inst. I, 2, 3, 5) und Capitelüberschriften des Julian sowie neue Randbemerkungen beigefügt worden. Das bei dieser ersten Correctur geschriebene soll in der Folge als Hand 1^b bezeichnet werden, zum Unterschiede von dem ursprünglich geschriebenen, der Hand 1^a.

Auch der Miniator hat mit rother Farbe einzelne, freilich überall sehr unbedeutende Randbemerkungen, wohl meist nur Farbenproben, beigesetzt, welche durch min. kenntlich gemacht werden sollen.

Diese Entstehungsgeschichte der Handschrift beweist, dass sie aus einer förmlichen, die Herstellung von Handschriften, insbesondere von juristischen Handschriften, gewerbsmäßig betreibenden Schreiberschule hervorgegangen sein muss, wie sie schwerlich anderswo als an dem Sitze einer Hochschule bestehen konnte. Bedenkt man aber, dass sowohl für die Institutionen wie für den Julian je zwei verschiedene Handschriften benutzt worden sind, so muss man noch enger auf eine juristische Hochschule schliefsen. Und ein solcher Schluss wird, wie mich dünkt, geradezu unabweislich, wenn man die weitere Geschichte der Handschrift erwägt.

VI. Nach jener ersten Correctur ist nämlich der Julian zum zweiten Mal und sicher auf Grund einer dritten Handschrift mit dunklerer Tinte (auch dunkler als der Text) hie und da corrigirt sowie mit Capitelüberschriften (so z. B. f. 62 (61) b und f. 63 (62) a) und mit Glossen bereichert worden. Ob das von der Hand eines der beiden ursprünglichen Schreiber geschah, oder von einer anderen, wage ich nicht zu entscheiden, und ich werde daher diese Schrift als Hand 1[c] bezeichnen.

Nach der Thätigkeit dieser Hand[a] hat eine weitere (Hand 2) mit blasser und ins graue spielender Tinte sowohl in den Institutionen — jedoch blofs im ersten Buche —, als im Julian Titel- und Capitelüberschriften nachgetragen, im Julian auch Glossen und sonstige Randbemerkungen beigefügt. Und endlich sind, wiederum von einer anderen Hand (Hand 3), mit tief dunkelbrauner, vielfach ganz schwarz erscheinender Tinte die Institutionen wie der Julian nochmals durchcorrigirt, fehlende Titel- bezw. Capitelüberschriften ergänzt und weitere Randbemerkungen beigesetzt worden. Das alles lässt sich nicht anders als mittels der Annahme erklären, dass für die Institutionen wie für den Julian noch je zwei weitere Handschriften benutzt worden sind. Eine so grofse Anzahl von Handschriften der beiden Rechts-

---

a) Dieses Verhältniss ergibt f. 66 (65) b mit aller Bestimmtheit. Denn dort ist dem Schlussworte von Iul. VI, 7: „taxeoticam“ in der Zeile selbst von Hand 1[c] die Glosse beigefügt: „·i· dispensator annone“, und darauf folgt, immer in der nämlichen Zeile, von Hand 2 als Überschrift des folgenden Capitels: „De multitudine clericorum non facienda“.

quellen, wie sich hienach ergibt, kann aber damals schlechterdings nur am Sitze einer eigentlichen und vielbesuchten Rechtsschule zu finden gewesen sein. An welche Schule dabei zu denken ist, kann ebenfalls nicht wohl dem Zweifel unterliegen; denn aus dem Inhalte der Handschrift geht, wie im Verlaufe gezeigt werden soll, mit grofser Sicherheit ihre Herkunft aus Pavia hervor.

Was das Alter der Handschrift anlangt, so wird sie von Cramer S. 133 und von Hänel p. XII. übereinstimmend in das Ende des 11. oder den Anfang des 12. Jahrhunderts gesetzt. Derselben Ansicht ist Conrat im Archivio giuridico XXXIV. p. 105 seg. Krüger in seiner Institutionenausgabe p. VI. weist sie dem 12. Jahrh. zu. Nach Lambrecht, Initial-Ornamentik des VIII. bis XIII. Jahrh. (Leipz. 1882) S. 31. 108*, würde sie sogar erst der zweiten Hälfte des 12. Jahrh. angehören. Ich selbst hätte auf Grund der Vergleichung mit anderen Schriften aus dem Ende des 11. Jahrh. keinen Anstand genommen, wenigstens die Hände 1 dieser Zeit zuzutheilen. Zwar zeigen sie vielfach schon die bekannten Doppelstriche über ii; allein diese kommen nach Wattenbach, Anleitung zur lateinischen Paläographie. Autographirter Theil S. 8, bereits im 11. Jahrh. vor, und ich habe sie in der von Andrea Gloria, Autografo d'Irnerio (Padova 1888), veröffentlichten Urkunde von 1116 bei jedem Auftreten von ii, ferner in einer bei Maurice Prou, Manuel de Paléographie (Paris 1890) hinter p. 100 gegebenen Probe einer Handschrift von 1105 gefunden. Da ich mich jedoch auf diesem Gebiete nicht ausreichend sicher fühle, so habe ich meinen hierin sehr erfahrenen früheren Collegen, Herrn Prof. Schum in Kiel, um sein Gutachten auf Grund einiger von mir mittels Durchzeichnung hergestellten Nachbildungen gebeten. Nach seinem Urtheil hätten die Hände 1 etwa um die Mitte der ersten Hälfte des 12. Jahrh., die Hand 3 etwa gegen das Ende dieser Zeit geschrieben. Dem kann ich mich um so unbedenklicher anschliefsen, als für meine Zwecke auf die ganze Frage nicht allzu viel ankommt;

denn über die Entstehungszeit der Glossen, welche allein für jene Zwecke von Bedeutung ist, gibt die Handschrift auf andere Weise genügende Auskunft. Doch vorerst noch weiteres über die Geschichte der Handschrift in ihrer gegenwärtigen Gestalt.

VII. Etwa um das Ende des dritten Viertels des 12. Jahrh. (Zeitbestimmung von Schum) benutzte der Besitzer der Handschrift die leere zweite Hälfte der Vorderseite und die leere Rückseite des angeklebten letzten Blattes der Institutionenhandschrift — f. 60 (59) — sowie die Vorderseite eines eingeschalteten weiteren, um die erste Lage der Handschrift des Julian umgeschlagenen Pergamentblattes zur Aufnahme der zweiten der von Klenze in der Zeitschrift für geschichtliche Rechtswissenschaft Bd. VIII S. 238 ff. herausgegebenen fingirten Constitutionen. Er selbst muss wohl auch als der Schreiber des Stückes angesehen werden; denn die Schrift ist nicht nur mit sehr verschiedenfarbiger, zum Theil sehr blasser Tinte ausgeführt, sondern sie verräth auch nicht die festen und regelmäſsigen Züge eines geübten gewerbsmäſsigen Schreibers.

Bei dieser Gelegenheit ohne Zweifel fügte er, um noch ein anderes nahe verwandtes Stück in seiner Handschrift zu haben, dieser als erstes, um die erste Lage der Institutionenhandschrift umgeschlagenes Blatt das letzte Blatt einer anderen, nach Schum's Urtheil um die Mitte des 12. Jahrh. geschriebenen Institutionenhandschrift hinzu, welches von derselben Hand wie der Institutionentext nach diesem auf seiner Vorderseite sowie auf seiner ganzen Rückseite das von Klenze herausgegebene Bruchstück der ersten der gedachten fingirten Constitutionen enthält. Dabei mag wohl das fehlende Doppelblatt jener ersten Lage der Institutionenhandschrift verloren gegangen sein. Sehr bemerkenswerth ist noch, dass dieses beigefügte erste Blatt genau mit den nämlichen Wörtern des letzten Titels der Institutionen: „armis in tertiam partem“ beginnt, wie das angeklebte letzte Blatt der Institutionenhandschrift selbst (s. ob. S. 12).

Auch stimmt der Institutionentext hier wie dort, trotz übrigens auch starker Abweichungen,[a] in höchst merkwürdigen Lesarten überein.[b] Beides liefert, wie mir scheint, den Beweis, dass die beiden Institutionenhandschriften zu derselben Handschriftenfamilie gehörten, und dass auch diejenige, von welcher wir bloſs das kleine Bruchstück besitzen, als das gewerbsmäſsige Erzeugniss einer Schreiberschule zu betrachten ist, welche bei der Art ihres Betriebes, wie ihn die Kölner Handschrift anschaulich zeigt, darauf bedacht sein musste, ihre Vorlagen möglichst so abzuschreiben, dass immer eine Seite der Abschrift genau einer Seite der Vorlage entsprach. Die Annahme des nämlichen Entstehungsortes drängt sich hienach ganz von selbst und unwillkürlich auf.

Nach dieser allgemeinen Betrachtung der Kölner Handschrift wende ich mich nunmehr ihren einzelnen Stücken zu.

III. Besprechung der Stücke der Handschrift.

1. Die Institutionen und ihre Glossen.

VIII. Die Institutionenhandschrift zeigt zunächst äuſserlich einen reichen Schmuck nicht bloſs durch rothe Verzierung aller einzelnen Buchstaben sowohl der Titelüberschriften, soweit sie von Hand 1 herrühren, als der Anfangswörter vieler Titel und der griechischen Wörter, welche der Schreiber unverstanden und unverständlich nachmalte, sowie der Anfangsbuchstaben der zahlreichen Paragraphen,

[a]) So z. B. in §. 8, 9 Inst. IV, 18 hat f. 60 (59) a: „et peccatores et **hi** — — puniuntur — — **diffinitionem**" — — uel sacram uel religiosam — — **ceciderunt** — — **subiugentur**"; dagegen f. 1 a: „et peccatores et **ii** — — puniantur — — **diuisionem** — — uel religiosam uel sacram — — **inciderunt** — — **subiungentur**".

[b]) Z. B. §. 9—11 Inst. IV, 18: subtrac**tas** — — lex **flauia** de plagiariis — — **de** ambit**u** — — **ceteris** — — **eorum**". Dagegen ed. Krueger.: subtract**a** — — lex **Fabia** de plagiariis — — ambit**us** — — **certis** — — **earum**".

sondern vor allem durch eine grofse Menge theilweise sehr geschmackvoll ausgeführter Initialen. Weniger anmuthend ist f. 2 (1) b neben dem Titel De iustitia et iure die Darstellung der Iustitia, welche die Iniustitia (beide geben sich glücklicherweise durch Beischriften zu erkennen) zu Boden tritt und mit einer Lanze grausam ersticht.

Jene Initialen schmücken aber nicht blofs die Handschrift, sondern Lambrecht (a. a. O.) hat daraus die letztere auch erkannt als „Kopie einer Institutionenhandschrift des 9. Jahrh.; besonders bemerkenswerth, weil in ihr die Initialen der Vorlage nachgeahmt sind und zwar theilweis in Kopie, theilweis aber, wie es scheint, in freier Erfindung". Diese schöne Entdeckung, welche der Handschrift auch juristisch und geschichtlich eine grofse Wichtigkeit verleiht, verlangte vor allem die Prüfung, ob ihr nicht der Inhalt der Handschrift Bedenken entgegenstelle. Das Ergebniss kann aber der Ansicht Lambrecht's nur zu weiterer, kräftiger Bestärkung dienen.

Zwar lässt sich hiefür kaum schon der — immerhin sehr bemerkenswerthe — Umstand verwerthen, dass die Institutionentitel in der Handschrift nicht als Titel, sondern als Capitel auftreten;[a] denn wenn auch diese Bezeichnung

[a]) So in der von Hand 1[a] herrührenden Bemerkung am Schlusse des dritten Buches — f. 45 (44) a —, welche ich, weil sie gewissermafsen die vor dem ersten Buche fehlende Überschrift vertritt, wörtlich hier mittheilen will:

Domini nostri Iustiniani imperatori[*s*] augusti institutionum siue elementorum [et] compositorum per tribunianum uirum magnificum magi[*s*]trum et questore (*leg.* exquestore) sacri palatii et Neophilum (*leg.* Theophilum) et Dorotheum uiros magnificos illustres et antecessores explicit Lib. III. feliciter. Incipiunt capitula Libri IIII.

Ferner stehen auf f. 36 (35) a, gleichfalls von Hand 1[a], folgende Titelüberschriften, denen ausnahmsweise die durchweg fehlende Zahl des Titels beigesetzt ist.

Cap̄. XIII. de obligationibus.

Cap̄. XIIII. Quibus modis re contraitur obligatio.

Auch in den Glossen werden die Titel stets capitula genannt. S. Gl. 62, 141, 168.

in der Lex Romana canonice compta vorkommt[b] und also auf eine frühe Zeit zurückgeht, so findet sie sich doch noch um die Wende des 11. und 12. Jahrh. sowohl in der Canonensammlung des Cardinals Deusdedit und in seinem Libellus contra invasores et simoniacos et reliquos schismaticos wie in den Schriften des Ivo von Chartres.[c] Allein als ein sehr starker und entscheidender Beweis hohen Alters der Vorlage muss es gewiss betrachtet werden, dass in der Kölner Handschrift die Reste einer noch weit älteren Capiteleintheilung der Institutionen, im ganzen entsprechend der uns geläufigen Paragrapheneintheilung, überliefert sind, von welcher das von Schum in der Zeitschr. der Sav.-Stift. für Rechtsgesch. IX. Rom. Abth. S. 365 ff. besprochene Halberstädter Bruchstück die erste, aus dem Ende des 6. Jahrh. stammende Kunde gebracht hat.[d] Und nicht minder ist

---

b) Freilich nur einmal. Sonst werden darin die Institutionentitel stets „tituli" genannt. S. Maaſsen, Über eine Lex Rom. can. compta in den Sitzungsberichten der Wiener Akademie Phil.-histor. Cl. Jahrg. 1860. Band XXXV S. 91 Anm. 2.

c) S. Zeitschr. der Savigny-Stiftung f. Rechtsgesch. IX. Rom. Abth. S. 378 und Conrat, Geschichte des röm. Rechts I. S. 386 Anm. 1. Auſserdem lässt sich diese Art der Bezeichnung nachweisen in der Pistoieser Handschrift des Codex aus dem 10. und in der Pariser Handschrift desselben aus dem 11. Jahrh. S. Codex. Iustin. rec. P. Krueger p. XVIII. not. 5. Ferner in der Turiner Institutionenglosse zu III, 19 §. 13 (saec. XI.). S. Chiappelli in Ztschr. der Sav.-Stift. f. Rechtsgesch. XI. Rom. Abth. S. 309. Sodann in folgender Glosse zu Roth. 354 im Lib. Papiens.: „Per Institutionum kapitulum sata solo cedunt." Vgl. §. 32 Inst. de rer. div. II, 1. Desgleichen in der Expos. §. 6 zu Liutpr. 8. Endlich in der Pariser Handschrift (4719, 1) des Tübinger Rechtsbuchs (s. Conrat, Gesch. des röm. Rechts I. S. 489), sowie auch in Glossen zu diesem Rechtsbuch, und zwar in Gl. 3 der Tüb. Handschr. zu cap. 1 (= Petr. I, 3) und in Gl. 66 der genannten Pariser Handschr. zu cap. 79 (= Petr. II, 57). S. Fitting, Glosse zu den Exce. L. Rom. des Petrus S. 32, Flach, Étud. crit. p. 272.

d) S. die Zeitschr. a. a. O. S. 375 vbd. S. 372. Die Capitelbezeichnung κ steht in der Kölner Handschrift manchmal vor, manchmal hinter einem Paragraphenzeichen, manchmal auch ohne ein solches, ein Beweis, dass sie mit der Paragrapheneintheilung der Handschrift

man wohl zu einem Schlusse auf ein hohes Alter der Vorlage berechtigt aus der Thatsache, dass in unserer Handschrift die Hand 1ᵃ nur zweimal (f. 8 (7) b in Inst. I, 26, 7 und f. 25 (24) b in II, 23, 7) „Papinianus", dagegen dreimal (f. 9 (8) a in II, 1, 8, f. 13 (12) b in II, 6, 9 und f. 27 (26) a in II, 25, 1) „Papianus" geschrieben hat.

IX. Wenn die Vorlage der Institutionenhandschrift eine Handschrift des 9. Jahrh. war, so ist von vornherein anzunehmen, dass die Bemerkungen, welche unsere Handschrift

---

nichts zu thun hat. Namentlich sind die Paragraphen der letzteren sehr viel zahlreicher. Auch finden sich die Capitelzeichen immer gruppenweise auf benachbarten Blättern, also ohne Zweifel da, wo der Schreiber einmal vergessen hatte, dass diese Zeichen als für seine Zeit bedeutungslos wegzulassen seien. Ich habe sie angetroffen: **f. 4 (3) b** am Rande neben Item si adhuc socrus in Inst. I, 10, 7; **f. 5 a** vor Item non alias in I, 11, 3 und vor I, 11, 4; **f. 5 b** vor I, 12, 6; **f. 6 a** vor Sed si in insulam in I, 16, 6 in f.; **f. 6 b** vor I, 20, 5 und I, 20, 6; **f. 28 (27) a** vor Item adoptivos in III, 1, 12; **f. 28 b** vor III, 1, 15; **f. 29 a** vor III, 2, 2 und vor Item si quis in III, 2, 2; **f. 29 b** vor Quod ad feminas und vor Sed quia sane in III, 2, 3; **f. 30 a** vor III, 2, 7, III, 2, 8 und III, 3, 1; **f. 41 (40) a** vor III, 24, 3; **f. 41 b** vor III, 24, 4, III, 24, 5, III, 25, 2; **f. 42 a** vor III, 25, 3, III, 25, 4 und Ei vero cui in III, 25, 4; **f. 42 b** vor III, 26, 2, III, 26, 4, III, 26, 7; **f. 43 a** vor III, 26, 10; **f. 43 b** vor III, 27, 2, III, 27, 3, III, 27, 4, III, 27, 5, III, 27, 6. Man sieht, dass meine in der Zeitschr. der Sav.-Stift. a. a. O. S. 375 ausgesprochene Vermuthung, diese Capiteleintheilung sei im ganzen mit unserer Paragrapheneintheilung übereinstimmend gewesen, durch die Kölner Handschrift bestätigt wird. — Spuren dieser Capiteleintheilung, und zwar neben einer abweichenden Paragrapheneintheilung, sind übrigens, ebenso wie in der Kölner Handschrift, nach den Mittheilungen von Chiappelli in der Zeitschr. der Sav.-Stift. f. Rechtsgesch. XI. Rom. Abth. S. 309 auch zu finden in der bekannten Turiner Institutionenhandschrift D. III. 13 des 9. oder 10. Jahrh. Ferner finden sie sich in einigen der jüngeren Glossen dieser Handschrift, nämlich in Gl. 252 zu III, 1, 14 (saec. X.) — s. Krüger's Ausgabe in Ztschr. f. Rechtsgesch. VII. S. 67 —, ferner nach Chiappelli a. a. O. S. 308 fg. in einer Glosse des 11. Jahrh. zu III, 2, 3 b. In einer Glosse zu III, 19, 3 v. Post mortem suam] „male est factum. non est caput capituli", welche Chiappelli gleichfalls hierherrechnet, hat „caput" doch wohl nur die Bedeutung von „Anfang".

zum Texte, und zwar fast immer mit Verweisungszeichen zu bestimmten Wörtern des Textes, meist am äufseren, seltener am oberen, unteren oder inneren Rande oder zwischen den Zeilen enthält, und deren Mehrzahl von den Händen 1[a] herrührt, mithin sicher ebenfalls aus jener Vorlage stammt, ihrem Ursprunge nach sehr verschiedenen Zeiten angehören, wie das ja entsprechend auch in der bekannten Turiner Institutionenhandschrift und in der Pistoieser Codexhandschrift zu beobachten ist. Diese Bemerkungen sind aber von sehr verschiedener Art: theils blofse Ergänzungen oder Verbesserungen des Textes, theils Varianten, meist mit al eingeführt, theils Wiederholung der Anfangswörter der Paragraphen zum leichteren Auffinden der letzteren (ein für eine Schule, die blofs nach solchen Anfangswörtern citirte, sehr nothwendiges Hülfsmittel) oder Wiederholung einzelner Wörter des Textes, welche dem Urheber der Bemerkung aus irgend einem Grunde wichtig erschienen, theils Hinweisungen auf etwas dem Inhalte nach bemerkenswerthes durch mancherlei „Nota“ bedeutende Zeichen, theils endlich Wort- oder Sacherklärungen sowie schematische Übersichten, den Distinctiones der Glossatoren nahe verwandt, wie sie, ganz zweifellos für Unterrichtszwecke, nach Ausweis der Turiner Institutionenglosse und der Glossen zum Liber Papiensis schon dem 10. Jahrh. geläufig, im 11. Jahrh. ungemein üblich waren.[e] Dazu kommen noch Anweisungen an den Miniator zur Einmalung von Anfangsbuchstaben.[f]

---

[e]) S. die Turiner Glossen des 10. Jahrh. nr. 455, 456 (Zeitschr. f. Rechtsgesch. VII. S. 77). Ferner die Turiner Glossen 68, 84, 85, 320, 341, 359, 375 bei Savigny, Gesch. des röm. R. im M. A. Bd. II. 2. Ausg. S. 435 ff. Sodann in den Glossen zum Liber Papiensis z. B. die Schemata zu Roth. 9, 189, Grim. 2, 6, Liutpr. 129, 148, Ast. 5, Karol. M. 70, Pipp. 8, 12, 23, Lud. P. 15, 16, Loth. 14, 17, 27, 58, 67, 69, 78, 79, Wid. 6, Ott. I. 1, 3, 4, 10, Ott. III. cap., Conr. cap.

[f]) Diese Bedeutung hat ein durchstrichenes V, wozu in der Handschrift des Julian öfters und anscheinend mit gleicher Bedeutung p. K. hinzukommt.

Von diesen Bemerkungen gehen manche ohne Zweifel schon auf die Zeit, da die Vorlage geschrieben wurde, und auf den Schreiber der letzteren zurück. So namentlich f. 29 (28) a die Wiederholung der Anfangswörter von Inst. III, 2: Si nemo suus und f. 35 (34) a diejenige der Anfangswörter von Inst. III, 11: Accessit nouus casus, weil diese Randbemerkungen sehr schön und gleichartig wie die Initialen des Textes verzierte Initialen haben, also sehr wahrscheinlich in solcher Gestalt auch in der Vorlage standen. Aber auch die Glossen 80, 81 bin ich geneigt, einer frühen Zeit zuzuschreiben, weil sie bloſse Worterklärungen und überdies als Ausnahmeerscheinung von zierlich geschweiften Linien ganz umschlossen sind. Endlich wird man das Zeichen der ancora superior, welches f. 22 (21) a neben §. 10 Inst. II, 20 steht, und welches nach Isidor. Orig. I, 21, 24 gesetzt wird, „ubi aliqua res magna omnino est", also wesentlich gleichbedeutend mit Nota ist, ferner das Zeichen Phi et Rho, welches f. 59 (58) a auf „plerumque" in §. 1 Inst. IV, 18 hinweist[8] und nach Isid. Orig. I, 21, 23 „ubi aliquid obscuritatis est, ob solicitudinem" gesetzt wird, — man wird diese Zeichen, welche in der Handschrift auch neben dem Texte des Julian mehrfach auftreten, für alten Ursprunges zu halten haben. Denn in das Dictionnaire des abréviations von Chassant sind sie nicht aufgenommen, scheinen also frühzeitig im Mittelalter auſser Gebrauch gekommen zu sein, und das erste derselben hat der Schreiber der Kölner Handschrift gar nicht verstanden; denn er hat bei der Correctur der letzteren, ohne Zweifel aus der von

---

[8]) Es zeigt freilich in der Handschrift nicht ganz die gleiche Gestalt wie bei Isidor. Denn, während es hier als ein wirkliches, monogrammatisch durch den nämlichen Schaft verbundenes Phi und (darüber stehendes) Rho erscheint, hat es in der Handschrift stets die Form eines P, dessen Schaft anstatt von einem geschlossenen Kreise nur von einer nach oben gekrümmten Bogenlinie durchschnitten ist. Doch kann an der Einerleiheit beider Zeichen füglich kein Zweifel sein.

ihm dazu benutzten zweiten Handschrift, noch ein Monogramm für Nota daneben gesetzt.

X. Einer bestimmten Entscheidung sind diese Fragen nach Lage der Dinge leider nicht zugänglich. Dass aber jedenfalls die in der Handschrift enthaltenen Glossen, welche hier wesentlich allein in Betracht kommen, und worunter ich in der üblichen Weise alle Bemerkungen sachlicher Art mit Einschluss der schematischen Übersichten und der Zeichen für Nota verstehe, nicht einer und derselben Herkunft sind, erhellt zunächst schon daraus, dass sie von verschiedenen Händen geschrieben sind. Ich muss mich darüber hier noch näher erklären.

Die weitaus gröſste Zahl auch der Glossen ist von den Händen 1[a] gleichzeitig mit dem Institutionentexte geschrieben, wie bei Gl. 1 und 2 zum Überflusse noch aus rother Verzierung der Anfangsbuchstaben erhellt. Alle diese Glossen fanden sich also sicher schon in der Handschrift, welche zur Vorlage diente. Sie haben zu einem groſsen Theil die Form eines auf der Spitze stehenden Dreieckes, mitunter auch wohl eines Korbes oder eines Bechers; sie sind dann meist auf den Seiten und unten noch von einfachen oder öfter von zierlich verschnörkelten, mit der Glosse gleichfarbigen Linien eingerahmt, welche in gleicher Gestalt als Verweisungslinien bei den schematischen Übersichten wiederkehren. Nur einige wenige, ganz kurze Glossen (Gl. 80, 81 und eine völlig verblasste Glosse zu Inst. II, 20, 6 v. et eius) sind vollständig in zierlich geschweifte Linien eingeschlossen. Diese bin ich daher, wie schon gesagt, geneigt, für besonders alten Ursprunges zu halten. Bei den anderen scheint es mir gewagt, aus der verschiedenen äuſseren Form Schlüsse auf eine Verschiedenheit des Ursprunges zu ziehen. Denn erstens werden von f. 36 (35), d. h. vom Anfange der fünften Lage an, jene Zierformen ziemlich selten; die Glossen erscheinen von da an meist unumrandet und in Zeilen von gleicher Länge. Zweitens aber treten jene Formen auch bei Glossen auf, welche (wie z. B. Gl. 41, 74, 99, 107a) von Hand 1[b], ja sogar bei solchen, welche (wie Gl. 14, 20, 134) von Hand 3 herrühren. Es scheint sich also dabei um eine ziemlich willkürliche Spielerei der Schreiber der Kölner Handschrift selbst zu handeln, wenn sie auch gewiss, wie ich das namentlich bei jenen völlig umrahmten Glossen annehme, ähnliche Formen bereits in ihrer Vorlage angetroffen haben.

Den von den Händen 1[a] herrührenden Glossen hat die Hand 1[b] bei der oben (V.) erwähnten ersten Correctur der Handschrift, also ohne Zweifel aus der hiezu benutzten zweiten Institutionenhandschrift, eine Anzahl weiterer Glossen beigefügt. Diese ist jedoch verhältnissmäſsig recht klein (16 und die zweifelhaften zugerechnet 21). Auch ist es oft recht misslich, Hand 1[a] und Hand 1[b] zu unterscheiden, da man hiefür bloſs auf die Farbe der Tinte angewiesen ist. Unter solchen Umständen habe ich die mir zweifelhaften zwar in meiner Ausgabe als solche angegeben, sie bei der Erörterung aber den von der Hand 1[a] geschriebenen zugerechnet, zumal da sie ihrem Charakter nach mit diesen durchaus übereinkommen. Überhaupt zeigen sachlich die von Hand 1[a] und Hand 1[b] herrührenden Glossen keinerlei Verschiedenheit.

Von Hand 2 finden sich zu den Institutionen keine Glossen. Dagegen hat Hand 3 bei der neuen Correctur der Handschrift noch einige wenige (Gl. 14, 20, 134, 158, 178?) beigesetzt, wiederum ohne Zweifel aus der Handschrift, welche für diese neue Correctur benutzt wurde. Die geringe Zahl dieser sowie der bei der ersten Correctur hinzugekommenen Glossen dürfte einigermaſsen zu dem Schlusse berechtigen, dass die beiden dabei gebrauchten Handschriften die schon aus der ersten Vorlage abstammenden Glossen in der Hauptsache ebenfalls enthielten. Und dafür spricht auch der von der Hand 1[b] herrührende Zusatz zu Gl. 89.

Endlich hat die Kölner Handschrift noch eine Anzahl Glossen, welche nach der Gestalt der Schriftzüge oder nach der Farbe der Tinte sicher oder doch anscheinend von anderen Händen als den genannten herrühren, zumeist wohl von denjenigen bloſser Benutzer der Handschrift. Darunter sind die Glossen 159, 176, 177, 189, 191 sicher von derselben Hand (1[c]?). Ebenso wohl auch die Glossen 63, 68, 98 (in der Ausgabe als inc. a bezeichnet). Als ganz vereinzelt erscheinen die Glossen 85, 154, 178 (inc. b, c, d), deren letzte jedoch nach der Farbe der Tinte von Hand 3 herrühren könnte. Möglich überhaupt, dass alle diese Scheidungen hie und da zu weit gehen; denn die Sonderung ist mitunter durchaus nicht zweifellos. Doch schien es mir minder schädlich, darin etwas zu viel zu thun, als zu wenig. Auch wird die Sonderung bei den Glossen 159, 176, 177, 189, 191 dadurch unterstützt, dass sie sich nicht bloſs durch die Farbe der Tinte, sondern auch durch besondere Orthographie und besondere Abbreviaturen von den anderen unterscheiden. Jedenfalls aber wird man die Schrift aller nicht von Hand 1 und Hand 3 herrührenden Glossen nicht für jünger zu halten haben als diese letzte. Die Schrift der meisten scheint sogar mit Hand 1 gleichalterig zu sein.

XI. Muss man bei den von verschiedenen Händen herrührenden Glossen schon aus diesem äuſserlichen Grunde mit einer Verschiedenheit des Ursprunges rechnen, so lässt sich aber ferner mit aller Bestimmtheit erkennen, dass nicht einmal die von Hand 1[a] geschriebenen Glossen gemeinsamer Herkunft sind. Den schlagenden Beweis liefert die doppelte Glosse (Gl. 44a und b) zu „fere“ in §. 36 in f. Inst. II, 1 und die zwiefache Erklärung von „per modum et tempus“ (§. 3 Inst. II, 4) in Gl. 53a, b und Gl. 53c.

Nicht minder beweiskräftig ist aber der folgende Umstand. Ein Theil der genannten Glossen, wie z. B. Gl. 65, 135, 144, 145—150, 156, 187, gibt sich nämlich von selbst, und ohne dass hierüber ein Zweifel bestehen kann, als Bemerkungen zu erkennen, welche ein Anfänger bei dem Studium der Institutionen an den Rand setzte,[a] während ein anderer, und zwar der weitaus gröſste, ganz eben so unzweideutig verräth, dass er aus den Vorlesungen eines tüchtigen und gewandten Lehrers hervorgegangen ist.[b]

Diese Beobachtung rechtfertigt zugleich den Schluss, dass sich die Vorlage der Kölner Handschrift in dem Besitze eines Scholaren befunden hat, welcher die Glossen der zuletzt genannten Art in den Vorlesungen seines Lehrers nach mündlichem Dictate desselben nachschrieb. Für die Niederschrift nach mündlichem Dictate zeugt auch noch der Umstand, dass die Handschrift in Gl. 44b statt „ei succedunt", wie es nach dem Zusammenhange nothwendig heiſsen muss, in Verdoppelung des s „eis succedunt" und in Gl. 193 statt „gerunt" einer weichen Aussprache entsprechend „ierunt" hat.[c]

XII. Die Annahme, dass die Kölner Institutionenglosse ihren Hauptbestandtheilen nach ihr Dasein den Vorlesungen eines Lehrers, und zwar eines sehr geschätzten Lehrers, verdankt, wird aber dadurch über jedes Bedenken erhoben, dass uns die Kölner Handschrift sogar über die Person dieses Lehrers nicht im ungewissen lässt.

Auf f. 32 (31) a folgt nach §. 9 Inst. de grad. cogn. III, 6 ein reich ausgemalter Verwandtschaftsbaum, kein origineller, sondern derselbe, welcher auch in anderen Institutionenhandschriften vorkommt und sich am Ende der kleinen Institutionenausgabe von Schrader findet, im wesentlichen

a) Man vergleiche, um sich davon zu überzeugen, z. B. die Gl. 144 zu Inst. IV, 1, 1: „Quid est furtum? furtum est contræctatio", die Gl. 145 zu IV, 1, 2: „Unde dicitur furtum? a furuo", die Gl. 146 zu IV, 1, 3: „Quot sunt genera furti? duo" mit dem Institutionentexte selbst.

b) Dies zeigt die ganze Behandlung und schon der in lauter kurzen Sätzen sich bewegende Stil demjenigen, der selbst seinem Berufe nach Rechtslehrer ist, auf den ersten Blick.

c) Dadurch erhält die Vermuthung Savigny's (Gesch. des röm. Rechts IV. S. 15), die Namensform Irnerius könne durch weiche Aussprache von Garnerius entstanden sein, eine interessante Bestärkung.

übereinstimmend mit dem zweiten der in Isid. Orig. IX, 6, 28 auftretenden Stemmata cognationum. Unter die Krone des Baums, links und rechts vom Stamm, sind mit grüner Farbe, und zwar aus der Vorlage der Handschrift entnommen,[a] folgende Hexameter gesetzt:[b]

Sanguinis as[c] metas, docuit quas nube repletas,
Grecus conuentus, sapiat romana iuuentus;
Hinc Guualcausus[d] ego nullius dicta timebo.

Diese Verse sind offenbar mit Anspielung auf §. 9 Inst. cit. verfasst, und unter dem „grecus conuentus" kann nur die Commission, welche die Institutionen abfasste, verstanden sein. Der Sinn ist also: der Verwandtschaftsbaum solle der römischen Jugend ein klareres Verständniss der Verwandtschaftsgrade vermitteln, als es der Institutionentext gewähre, und das kann gewiss in einer Zeit, zu welcher man noch nicht Lehrbücher in einer grofsen Zahl von Exemplaren zu billigem Preise auf den Markt bringen konnte, nur so gedeutet werden, dass er zu jenem Zwecke in einem Lehrvortrage über die Institutionen gebraucht worden ist. Der dritte Hexameter zeigt nun aber mit der gröfsten Unzweideutigkeit weiter, dass dabei an die Institutionenvorlesungen des Gualcausus zu denken ist; denn anders lässt sich, da er ja nicht der Erfinder dieser Form bildlicher Darstellung der Verwandtschaftsverhältnisse war, die Nennung seines Namens in diesem Zusammenhange nicht erklären.

---

a) Dies erhellt mit Sicherheit daraus, dass ganz unten auf der Seite von Hand 1[a] die Anfangswörter: „sanguinis as metas docuit q" geschrieben sind als Notiz für den Miniator, die Hexameter nicht zu vergessen.

b) Der zweite und dritte Hexameter stehen zum Theil auf Rasur. Das wegradirte war aber sichtlich nur ein erster nicht ganz geglückter Versuch des Miniators; denn die Spuren von causus und ego, ebenfalls in grüner Farbe, sind noch deutlich erkennbar.

c) Über der Zeile ist mit brauner Tinte, anscheinend von Hand 1[b], ein h beigefügt.

d) guual causus C.

Die Probe auf die Richtigkeit dieser Auslegung der Verse liefert der Umstand, dass nach Boretius in der Praef. ad Libr. Papiens. §. 13 (Mon. Germ. hist. Legg. t. IV. p. LVII.) dieselben Hexameter unter einem ohne Zweifel genau entsprechenden stemma cognationum auch in dem (von Boretius als Cod. 10 bezeichneten, im 12. Jahrh. geschriebenen) dritten Theil der Londoner Handschrift des Liber Papiensis f. 192a vorkommen, jedoch mit der bemerkenswerthen Abweichung, dass im dritten der Verse anstatt „Guualcausus" steht „sic doctus". Hier ist also der Hinweis auf die Benutzung des Stemma beim Rechtsunterrichte ganz augenfällig. Zugleich erkennt man, dass der Hexameter hier vom Standpunkte des Schülers (sei es nun des Gualcausus oder eines anderen Lehrers), in der Kölner Handschrift dagegen vom Standpunkte des Lehrers redet. Endlich ist es nicht unwichtig, dass in der Londoner Handschrift das Stemma mit den Versen in unmittelbarer äußerer Verbindung mit den langobardischen Formeln der Processe und Klagen auftritt, deren enge Beziehungen zu Gualcausus und seiner Schule bekannt sind. Denn hienach wird von vornherein gar nicht der Zweifel auftauchen können, ob der Gualcausus der Kölner Handschrift mit dem Langobardisten dieses Namens ein und derselbe sei. Und an welchen anderen Gualcausus könnte auch gedacht werden? Wissen wir doch überhaupt nur von zwei mittelalterlichen Juristen dieses nach Ficker's Forschungen seltenen Namens, einem älteren, welcher von 993 bis 998, und einem jüngeren, welcher von 1055 bis 1079 in Urkunden als Richter vorkommt.[e] Dieser jüngere wird jetzt allgemein als jener berühmte Langobardist anerkannt.[f] Die Gründe aber, welche es verwehren, nach dieser Seite an den älteren zu denken,

---

[e]) S. Ficker, Forschungen zur Reichs- und Rechtsgesch. Italiens III. S. 52, 57 ff.

[f]) S. Ficker a. a. O. S. 57 fg., Boretius in praef. ad L. Pap. §. 59 in f. (Mon. Germ. hist. Legg. t. IV. p. LXXXIV.).

verwehren es auch, und noch viel mehr, die Verse der Kölner Handschrift auf ihn zu beziehen. Dass diese aber wirklich den Juristen meinen, nach welchem die sog. Walcausische Recension des Liber Papiensis ihren Namen führt, dafür spricht auch ihre grofse Ähnlichkeit mit den Hexametern, welche an der Spitze der letzteren stehen:

Est error spretus, quo Longobarda iuventus
Errabat. verum loquitur nunc pagina sensum
Edicti, rectis quod strinxit rethor habenis
Walcausus meritus, quem laudat scriba disertus.

Man sieht, hier wie dort erscheint Gualcausus als der tüchtige Lehrer, welcher zu Gunsten der Jugend früher dunkles und falsches richtig stellt, und wahrscheinlich rühren die einen wie die anderen Verse von begeisterten Schülern her.

XIII. Hiemit ist festgestellt, dass Gualcausus zu Pavia, wo er nach den übereinstimmenden Angaben von Accursius, Hugolinus und Odofredus lebte und wirkte,[a] Vorlesungen nicht blofs über langobardisches Recht, sondern auch über die Institutionen gehalten hat. Und eine solche Verbindung ist auch gerade für Pavia gar nichts beispielloses. Denn, wenn wir aus der Expositio zum Liber Papiensis wissen, dass Lanfrancus dort das langobardische Recht lehrte, so ist durch die Chronik des Robertus de Monte glaubhaft

[a]) Vgl. Savigny, Gesch. des röm. Rechts IV. S. 364, 369. Die Gründe, aus denen Ficker, Forschungen III. S. 57 ff. geneigt ist, ihn eher nach Verona zu versetzen, sind nach meinem Erachten nicht im Stande, jene bestimmten Angaben zu widerlegen, welche jetzt zufolge der Erkenntniss, dass Gualcausus auch über römisches Recht gelehrt hat, ein ganz anderes Gewicht erhalten, sondern sie machen nur die Abstammung des Gualcausus aus Verona einigermafsen wahrscheinlich. Zudem wird durch jene neue Erkenntniss eine starke innere Wahrscheinlichkeit begründet, dass er an einer grofsen Rechtsschule wie Pavia thätig gewesen sei, und nicht in einer Stadt, von der wir als von einem Sitze des Rechtsunterrichtes sonst gar nichts wissen.

bezeugt, dass er dort auch ein berühmter Lehrer des römischen Rechtes war.[b]

Aus dieser Feststellung und aus der unmittelbaren Beziehung, in welche durch die in der Kölner Handschrift dem Verwandtschaftsbaum beigesetzten Verse Gualcausus zu diesem den Gesetzestext erläuternden Stücke der Handschrift, damit aber überhaupt zu ihren Erläuterungen des Gesetzestextes gesetzt wird, folgt von selbst, dass auch die in der Handschrift enthaltenen Glossen, von denen ja schon (XI. a. E.) gezeigt ist, dass sie in ihrem Hauptstocke aus Vorlesungen herrühren müssen, in diesem Hauptstocke auf jene Vorlesungen des Gualcausus zurückzuführen sind, es sei denn, dass einer solchen Annahme unübersteigliche sachliche Bedenken im Wege stünden. Das ist aber so wenig der Fall, dass sie im Gegentheil durch sachliche Rücksichten gewichtigster Art auf das kräftigste unterstützt wird, womit denn vollends jeder etwa noch mögliche Zweifel weichen muss.

Zuvörderst zeigt die Kölner Glosse mit der ganzen langobardischen Litteratur des 11. Jahrh., insbesondere mit den romanistischen Ausführungen zum Liber Papiensis, eine so enge und auffallende Verwandtschaft, dass schon Conrat (Geschichte des röm. Rechts I. S. 339 fg., 419 fg.) sie für ein Erzeugniss dieser Litteratur erklärt hat. Schon dies würde wohl in Verbindung mit der ausdrücklichen Nennung des Gualcausus in der Kölner Handschrift zu einem vollen Beweise genügen.

Um aber beurtheilen zu können, ob Inhalt und Form der Glosse auch zu sonstigen Arbeiten gerade des Gualcausus stimmt, habe ich in der Ausgabe des Liber Papiensis von Boretius diejenigen Stücke zu ermitteln gesucht, welche mit Sicherheit oder doch mit großer Wahrscheinlichkeit auf ihn zurückgehen. Und da bin ich denn zu dem Er-

---

[b]) S. die Stelle des Robertus in Mon. Germ. hist. SS. VI. p. 478 ad a. 1032. Vgl. meine Schrift über die Anfänge der Rechtsschule zu Bologna XLVI. a und XVII. g.

gebnisse gelangt, dass ein sehr grofser Theil der von Boretius herausgegebenen Glossen zum Liber Papiensis, namentlich soweit sie in den von ihm als Cod. 4 bezeichneten beiden ersten Theilen der oben erwähnten Londoner Handschrift stehen, dem Inhalte nach aus Vorlesungen des Gualcausus herstammen muss. Denn bei vielen wird seine Urheberschaft durch „secundum vl.“ geradezu bezeugt. Aber auch bei denjenigen, welche nicht blofs von Ansichten des Gualcausus, sondern auch von Ansichten Anderer reden, ist jene Annahme geboten, weil überall nur er mit Namen genannt wird, die Anderen dagegen nur unbestimmt als antiqui, alii, quidam bezeichnet sind. Den Glossen dieser beiden ersten Klassen müssen endlich mit hoher Wahrscheinlichkeit als Geisteserzeugnisse des Gualcausus oder doch mindestens seiner unmittelbaren Schule noch diejenigen zugerechnet werden, welche zwar solcher äufseren Kennzeichen entbehren, aber in der Art der Behandlung mit jenen völlig übereinkommen.

Betrachtet man die so ermittelten Glossen oder auch nur diejenigen der beiden ersten Klassen, als welche nach dem gesagten mit Sicherheit auf Gualcausus zurückzuführen sind, so muss von selbst ihr romanistischer und romanisirender Charakter auffallen. Man erkennt sofort, dass ihr Urheber, am römischen Rechte geschult und namentlich in den Institutionen bewandert, seinen Zuhörern, bei denen er ebenfalls eine Kenntniss dieses Rechtes voraussetzt, die Vorschriften des langobardischen Rechtes durch Heranziehung der Begriffe und Sätze des römischen Rechtes zu erklären sucht, also mittels des gleichen Verfahrens, wie es noch jetzt in den Vorlesungen über Deutsches Privatrecht zur Erklärung der Sätze desselben angewendet wird.[c] Das passt

c) Vgl. z. B. gl. ad Roth. 155: „secundum val. nata est statim actio“; gl. ad Roth. 309: „Hic videtur, ut quicquid dampni culpa alicuius fit, ut emendet cuius culpa fit secundum vl.“; gl. ad Roth. 319: „Hic videtur, quod similiter fit de omni adquisitione naturali iure et quod tenens debet suum ius dicere secundum vl.“; gl. ad Roth. 348

vortrefflich zu einem Lehrer, welcher auch Vorlesungen über römisches Recht, insbesondere über die Institutionen, hielt oder früher gehalten hatte, beweist aber ferner, dass in Pavia ebenso, wie an unseren heutigen Universitäten, die Beschäftigung mit dem römischen Rechte als nothwendige Vorbedingung für das Verständniss jedes anderen Rechtes betrachtet wurde. Es müssen also dort jederzeit auch Lehrer des römischen Rechtes vorhanden gewesen sein.

Vergleicht man nun endlich die Glossen zum Papienser Rechtsbuch, welche wir auf Gualcausus zurückzuführen berechtigt sind, mit den Kölner Glossen, so zeigt sich nicht bloſs eine starke Ähnlichkeit, sondern es ergeben sich sogar die innigsten Beziehungen. So heiſst es z. B. in der Kölner Gl. 29 zu Inst. I, 19 in f. perfectae aetatis] „Hic uideri potest, quod, si legittimę ętatis sint, homines ad tutelam uocari possunt.“ Gerade diese Wendung: „Hic videri potest“ oder „Hic videtur“ ist aber, wie schon die Beispiele in Anm. c zeigen, in den Glossen zum Liber Papiensis, und zwar gerade auch in den sicher auf Gualcausus zurückgehenden, ganz typisch. Ferner entspricht die „actio possessionis“ in gl. ad Roth. 362, worin Gualcausus ausdrücklich genannt wird, offensichtlich der „actio proprietatis“ in der Kölner Gl. 86, bei der es freilich zweifelhaft ist, ob sie von Hand 1[a] oder erst von Hand 1[b] herrührt.

---

et amplius non calumpnietur] „Hic videri potest, quod aliqua res potest tolli clam et vi, si sua est tollentis, absque culpa [secundum vl. add. 4]; gl. ad Grim. 1 Si servus] „scil. ille qui dicitur servus, qui proclamatur de servitute in libertatem secundum vl.“; gl. ad Liutpr. 8: „Hic est nudum pactum secundum vl.“; gl. ad Liutpr. 77: — — „et secundum quosdam ita, secundum alios aliter [sentitur, id est si bonum inicium non habuerit, possessio tenenti nichil prodest secundum vl.“ add. 4]; gl. ad Ratch. 6 Arimannus] „Omnis liber homo dicitur erimannus, qui manui id est potestati domini suppositus est secundum vl.“ (vgl. pr. Inst. I, 5); gl. ad Lud. P. 35 iniuste] „id est sine actione et responsione secundum vl.“ Wegen des romanisirenden Charakters der Glossen zum Liber Papiensis überhaupt s. Conrat, Gesch. des röm. Rechts I. S. 394 ff.

Noch ungleich zahlreicher und auffälliger werden die Berührungspunkte, wenn man diejenigen Papienser Glossen heranzieht, welche zwar nicht ausdrücklich auf Gualcausus verweisen, aber doch mit Wahrscheinlichkeit von ihm oder mindestens aus seiner Schule stammen. Bei einzelnen kann man sich sogar des Eindruckes nicht erwehren, dass sie mit Benutzung der Kölner Glosse oder doch in unmittelbarem Hinblick auf sie verfasst seien. So scheint namentlich das Schema in der Kölner Gl. 62 folgender (auch in Cod. 4 enthaltener) Glosse zu Roth. 170 zu Grunde zu liegen:

Rerum secundum quosdam (1) Aliae sunt quae sunt filiorum familias: (a) Bonum maternum nunc per kap. Henrici „Quicumque", (b) Ut quasi castrense peculium, (c) Ut castrense. (2) Aliae quae non sunt, sed parentum, ut ceterae res praeter adversas, ut legitur in Institutis „Adquiritur", in antiquo.

Ferner stimmt die gl. ad Roth. 153 per gradum] „ut dicit media iurisprudentia i. e. ius civile" in der merkwürdigsten Weise überein mit der Kölner Gl. 105 zu Inst. III, 13, 1 iure civili comprobatae] „ueluti media iurisprudentia". Der Ausdruck „media iurisprudentia" findet sich nur in §. 3a Inst. de legit. agn. succ. III, 2, und zwar für die römische Rechtswissenschaft der Zwischenzeit zwischen den Zwölf Tafeln und dem Auftreten der Kaisergesetzgebung. Dass diese aber „ius civile" heifse, und der letzte Ausdruck also gleichbedeutend mit jenem ersten sei, war nicht aus den Institutionen, sondern blofs aus L. 2 §. 5—12 D. de orig. iur. I, 2 zu entnehmen. Kann man unter diesen Umständen glauben, dass die, überdies ganz ungeschickt angebrachte, Glosse zu Roth. 153 von einem reinen Langobardisten unmittelbar aus dem Corpus iuris geschöpft sei? zumal wenn man einer Institutionenglosse gegenübersteht, welche „ius civile" durch „media iurisprudentia" erklärt? Völlig gleichlautend und beide Male falsch am Platze sind ferner die Kölner Gl. 129 zu Inst. III, 22, 3 Item rel.] „actio prescriptis uerbis quę de estimato preponitur" und eine Glosse zu Liutpr. 115 inibi laboravit] „prescriptis verbis que de extimato proponitur". Offenbar gehen, wie namentlich die folgende Glosse zu Liutpr. 115 zeigt, die Verfasser dieser Glossen gleichermaſsen, ohne Zweifel veranlasst durch L. 2—4 D. de praescr. verb. 19, 5, von der unrichtigen Annahme aus, „actio praescriptis verbis" sei ein allgemeiner Name für alle Klagen.[d] Werde nach bona fides geurtheilt, und habe daher der Richter eine Schätzung vorzunehmen, so erhalte der Name der Klage den Beisatz: „quae de aestimato proponitur" (vgl. §. 28 Inst. de act. IV, 6).[e]

Ein weiterer unverkennbarer Beweis des nahen Zusammenhanges ist die vollkommene Gleichheit der Citirformen und die gleichmäſsige Häufigkeit der schematischen Übersichten (s. IX. e). Tritt in der Kölner Gl. 160 das „argumentum a contrario" auf, so hantieren Glossen zu Roth. 249 und zu Grim. 1 mit dem „argumentum a minori ad maius" und eine Glosse zu Liutpr. 95 mit dem „argumentum a generali". Nimmt man noch hinzu, dass in der Kölner Gl. 188 „experiri" mit „appellare" erklärt wird, also mit dem bekannten Kunstausdrucke der Papienser Langobardistenschule für „klagen": so wird dieses Beweismaterial, welches sich übrigens leicht noch stark vermehren lieſse, wohl ausreichen, um sich zu überzeugen, dass die Anerkennung des Gualcausus als des Urhebers des Hauptstockes der Kölner Institutionenglosse nicht nur auf keine Schwierigkeiten stöſst, sondern sich im Gegentheil gar nicht abweisen lässt.

XIV. Damit ergibt sich aber für diese Glossen zugleich eine annähernde Altersbestimmung.

---

[d]) Vgl. Placent. de variet. act. I, 1 princ.

[e]) Als weitere Belege enger Beziehungen führt Conrat, Gesch. des röm. Rechts I. S. 419 Anm. 1 noch an die (zweite) Glosse „De hoc tantum" rel. zu Roth. 13 verglichen mit der Kölner Gl. 151 und die Glosse „Hic est actio arbitraria" zu Roth. 348 verglichen mit der Kölner Gl. 186.

Gualcausus kommt von 1055—1077 vielfach in Gerichtsurkunden als kaiserlicher Hofrichter vor, und zwar im J. 1077 jedesmal an erster Stelle, ein Beweis, dass er damals schon in hohem Lebensalter stand. Später erscheint er überhaupt nur noch einmal im J. 1079 bei einem Placitum des Grafen von Bergamo.[a] Es hat sonach gar kein Bedenken, seine Geburt schon in das erste Jahrzehnt des 11. Jahrh. zu setzen. Nun hatte er aber ferner die bevorzugte Stellung als Hofrichter sicher erst erlangt, nachdem sein Ruf ein fest begründeter war.[b] Das lässt mit Zuverlässigkeit schliefsen, dass seine Lehrthätigkeit schon geraume Zeit vor 1055 begonnen hatte, und aus der sog. Walcausina ergibt sich sogar eine hohe Wahrscheinlichkeit, dass er bereits vor 1037 ein berühmter Lehrer war.[c] Nun hat er aber gewiss, seine Glossen zum Liber Papiensis zeigen das mit voller Bestimmtheit, nicht früher mit der Lehre des langobardischen Rechtes als mit derjenigen des römischen Rechtes begonnen, sondern aller Wahrscheinlichkeit nach eher umgekehrt. Man hat daher unbedenklich anzunehmen, dass seine Institutionenvorlesungen vorwiegend der ersten Hälfte des 11. Jahrh. angehören, und dass also seine in der Kölner Handschrift überlieferten Institutionenglossen auch schon aus dieser Zeit stammen. Dieser Schluss wird noch dadurch unterstützt, dass in der Expositio zum Liber Papiensis mehrfach von einer durch ihn begründeten Meinung als von etwas der Vergangenheit angehörigem gesprochen

---

a) S. Ficker, Forschungen III. S. 58 fg. vgl. S. 46 fg., 57.

b) S. Ficker a. a. O. S. 63.

c) Boretius in der Praef. ad L. Pap. §. 58 (Mon. Germ. hist. Legg. t. IV. p. LXXXI. sq.) nimmt die Entstehung der Walcausina selbst schon vor 1037 an. Die Rücksicht auf den Umstand, dass Gualcausus noch 1079 lebte, welche Ficker a. a. O. S. 61 als hauptsächlichsten Gegengrund geltend macht, steht jener Annahme nicht entscheidend im Wege, denn auch Lanfrancus trat schon in sehr jungen Jahren als Lehrer auf. Ebenso später Bartolus und Baldus. Übrigens ist nach Ficker S. 62 das Rechtsbuch jedenfalls vor 1054 entstanden.

wird.[d] Es gewinnt danach den Anschein, als habe er ziemlich früh, vermuthlich zufolge der Ernennung zum Hofrichter, seine Lehrthätigkeit eingestellt.

Wollte man aber diese Schlüsse für zu gewagt halten, weil es doch immerhin möglich sei, dass Gualcausus wenigstens für das römische Recht seine Lehrthätigkeit noch länger fortgesetzt und die besondere Vorlesung, worin unsere Glossen nachgeschrieben sind, erst nach der Mitte des Jahrhunderts gehalten habe, so müsste man wenigstens einräumen, dass er darin nur die Ergebnisse einer viel früher erworbenen juristischen Bildung und Erkenntniss vortrug. Und diese Erwägung würde offenbar selbst dann noch ihre volle Kraft behalten, wenn man, übrigens aller Wahrscheinlichkeit zuwider, jene Vorlesung in die letzten Jahre seines Lebens versetzen wollte. So ist der Kölner Glosse unter allen Umständen ihre Bedeutung als Denkmal für das Studium und die Behandlung des römischen Rechtes schon in der ersten Hälfte des 11. Jahrh. gesichert.[e]

Es würde unter diesen Umständen sehr werthvoll sein, wenn es möglich wäre, die Gualcausischen Glossen der Kölner Handschrift von den übrigen scharf zu sondern.

---

[d]) S. Expos. §. 1 ad Liutpr. 53: „Secundum Gualcausum vero dicebatur cartula ipsa fieri per gayrethinx“ rel.; Expos. §. 5 ad Karol. M. 45: „due priores appellationes hoc ordine fuerunt secundum Walcausam“; Expos. §. 8 in f. ad Lud. P. 1: „Et appellationes tali ordine fiebant secundum Walcausam“. Vgl. Boretius in praef. ad L. Papiens. §. 85 (Mon. Germ. hist. Legg. t. IV. p. XCV.).

[e]) Conrat, Gesch. des röm. Rechts I. S. 339 fg. hält die Glosse, wie schon gesagt, ebenfalls für ein Erzeugniss einer langobardischen Schule Oberitaliens, und zwar für ein mit der Expositio zum Liber Papiensis gleichaltriges, etwa um die Wende des 11. Jahrh. entstandenes. Die Verse unter dem Verwandtschaftsbaum der Kölner Handschrift sind ihm, da er sie nirgends erwähnt, offenbar ganz entgangen. Nach Flach, welcher die Glosse auf nicht ganz zwei Seiten (p. 69 s.) abfertigt, besteht nicht der geringste Anschein, dass sie der Zeit vor den Glossatoren angehöre; er scheint sie also den letzteren zuschreiben zu wollen. Eine solche Annahme wird aber, wie Conrat S. 338 fg. nachweist, schon durch den Inhalt der Glosse bestimmt widerlegt.

Leider ist das nicht möglich, und jeder Versuch einer Ausscheidung nach äufseren oder inneren Gründen würde mehr oder minder auf Willkür hinauslaufen. Jedenfalls aber dürfen, wie die gemachte Ausführung zeigt, zur Vermeidung der Gefahr falscher Schlussfolgerungen als Glossen des Gualcausus keine behandelt werden, welche sicher nicht von der Hand 1[a] herrühren, also nicht aus der ursprünglichen Vorlage abgeschrieben sind.

XV. Als Quellen sind in den Glossen des Gualcausus, ebenso wie in den Glossen und der Expositio zum Liber Papiensis, zuvörderst alle Theile der Justinianischen Gesetzgebung gebraucht und citirt.

1. Die Institutionen werden einmal (Gl. 121) blofs nach dem Buche, gewöhnlich aber (Gl. 62, 141, 168, 184) nach dem Titel citirt, welcher, übereinstimmend mit der Bezeichnung in der Kölner Institutionenhandschrift selbst, capitulum heifst. Die nähere Bezeichnung des Titels geschieht, wenn es sich um einen anderen als den gerade behandelten dreht, blofs durch die Angabe der Anfangswörter, entweder mit Beisetzung von „capitulum“ (Gl. 168: „Rusticorum praediorum“ capitulum) oder, wie in Gl. 184 viermal, unter Weglassung dieses Wortes. Alle diese Erscheinungen sind auch in den Glossen und der Expositio zum Liber Papiensis zu beobachten.[a] In Gl. 61 ist eine in den Institutionen enthaltene (sehr bekannte) Regel blofs

[a]) S. Gl. zu Roth. 354: Per Institutionum kapitulum sata solo cedunt (s. §. 32 Inst. II, 1); Gl. zur ersten Klageformel bei Roth. 232: Actio concepti: per usum tractum a Romana lege „Cum expositum sit“, ubi legitur „Conceptum“ (= §. 4 Inst. de obl. quae ex del. IV, 1); Gl. zu Roth. 170: ut legitur in Institutis „Adquiritur“ (= Inst. II, 9), Gl. zu Loth. 36: ut legitur in Institutis „Qui res“ (= Inst. IV, 2). Ferner Expos. ad Roth. 172: ut legitur in secundo libro Institutionum que est „Testamentum ex eo appellatur quod sit testatio mentis“ (= Inst. II, 10), Expos. §. 6 ad Liutpr. 8: dicentibus Institutionum capitulis, alterum quorum est „Omnes res que dominio“ (= Inst. III, 19) — —; aliud vero capitulum est „Mandatum contrahitur“ (= Inst. III, 26).

als solche mit Angabe ihrer Anfangswörter citirt ohne Bezeichnung des Titels.

2. Der Codex ist nächst den Institutionen selbst am meisten benutzt und wird offenbar als sehr bekannt vorausgesetzt, denn in Gl. 23, 71, 107b wird ohne jede Nennung des Rechtsbuches selber bloſs die Zahl des Buches angegeben, und in Gl. 22, 24, 166, 174, 190, 194 werden ohne jedes ausdrückliche Citat überhaupt nur Aussprüche des Codex wörtlich oder fast wörtlich wiedergegeben. In Gl. 113 (ut legitur in IIII l. c.) ist das Rechtsbuch und das Buch genannt, in Gl. 21 (VIII. l. c. t.) wird auch, aber nur unbestimmt, auf den Titel hingewiesen, in Gl. 47 (ut in III. l. c. legitur titulo de inofficiosa donacione) wird er genau bezeichnet. In Gl. 11 (ut capitulo VI. libri codicis legitur „Aureorum usus anulorum") besteht das Citat in der Angabe des Rechtsbuches, der Zahl des Buches und der Stelle („capitulum"), in Gl. 171 (c. testante capitulo: „Inteligere debes uincula pignoris durare personali actione submota") besteht es in der Nennung bloſs des Rechtsbuches und der ihrem vollen Wortlaute nach wiedergegebenen Stelle. Auch diese Erscheinungen kehren in den erwähnten langobardistischen Erzeugnissen wieder.[b]

---

[b]) S. Gl. zu Roth. 363: ut legitur in quarto libro Codicis (= L. un. C. IV, 17); Gl. zu Grim. 1: sic legitur in sexto libro Codicis de assertoribus (= tit. C. de assertione tollenda VII, 17); Gl. zu Liutpr. 28: ut legitur in Codice (= L. 2 in f. C. I, 17); Gl. zu Liutp. 90: ut in secundo libro Codicis, que constitutio incipit „Si quis conscribendo" (= L. 29 C. II, 3); Gl. zu Rach. 6: ut legitur in Codice „Si quis crimen intenderit" (= L. 3 C. IX, 8); Gl. zu Loth. 67: ut legitur in nono libro Codicis (= L. 5 §. 4 C. IX, 8); Gl. zu Loth. 69: ut legitur in IV. libro Codicis (= L. 19 C. IV, 20). Ferner z. B. Expos. §. 1 ad Roth. 227: dicente Codicis capitulo; Expos. §. 10 ad Roth. 178: concordat se cum quinto libro Codicis; Expos. §. 5 ad Liutpr. 22: quod patet in Codicis primi libri capitulo quod est „Non est dubium"; Expos. §. 3 ad Otton. I. 4: nam in Codice legitur in titulo depositi; Expos. §. 2 ad Loth. 78: in nono Codicis libro „Qui accusare non possunt" titulo.

Noch in zahlreichen anderen Glossen hat der Codex unzweifelhaft für Gualcausus als Quelle gedient. So in den Gl. 59, 69, 70, 78, 89, 97, 192. Und zwar lässt sich mit Bestimmtheit sagen, dass dabei der vollständige Codex, nicht die Epitome, und nicht einmal eine vermehrte Epitome gebraucht worden ist. Denn die L. 2 C. de const. pec. IV, 18, aus welcher Gl. 174 grofsentheils wörtlich entnommen ist, und die L. 37 C. de inoff. test. III, 28, welche ganz sicher der Gl. 69 zu Grunde liegt, finden sich nach den Angaben Krüger's in seiner grofsen Ausgabe des Codex p. 49* sqq. weder in der ursprünglichen Epitome, noch in einer der Handschriften der vermehrten Epitome.[c]

Die Lesarten, welche in den wörtlich wiedergegebenen Stellen des Codex auftreten, stimmen meist mit der Ausgabe von Krüger überein. Wo sie, wie namentlich in Gl. 24, abweichen, scheinen sie mir alle Beachtung zu verdienen.

3. Die Digesten sind zwar viel spärlicher als der Codex, aber doch auch in nicht ganz unerheblichem Mafse benutzt. In Gl. 3, 5, 35, 106, 193 sind sie geradezu citirt, und zwar sind diese Citate in hohem Grade bemerkenswerth. In Gl. 5 und 106 geschieht das Citat blofs in der allgemeinen Weise: „ut in digestis legitur", und dieses ist die Form, welche in dem einzigen Digestencitate, das in den Glossen zum Liber Papiensis vorkommt, und in den zwei einzigen Digestencitaten der Expositio zum Liber Papiensis ausschliefslich gebraucht wird.[d] In Gl. 3 dagegen

[c]) Auch in den Glossen zum Liber Papiensis lässt sich die Benutzung des vollständigen Codex erkennen; denn darauf deutet die Verbesserung der in Heinr. II. (III.) 1 nach einer Epitome falsch angegebenen Inscription einer Codexstelle in den Glossen.

[d]) S. Glosse zu den Formeln bei Otton. I. 3: et multis innumerabilibus modis, qui sacris constitutionibus continentur et in Digestis; Expos. §. 5 ad Roth. 200: legitur enim in Digestis; Expos. §. 3 ad Karol. M. 101: ut in Digestis legitur. — Beiläufig bemerkt, ist die in einer Glosse zu Roth. 151 auftretende Regel des röm. Rechtes: „necessitas

wird durch das Citat: „ut in principio digestorum legitur" die Stelle als der Anfang des Rechtsbuches näher bezeichnet, entsprechend dem Institutionencitat in Expos. §. 1 zu Roth. 151: „in principio secundi libri Institutorum legitur", wo, da §. 29 Inst. II, 1 gemeint ist, „principium" den ersten Titel des zweiten Buches bedeutet. In Gl. 35 und 193 aber endlich wird die Inscription der Stelle angegeben, dort mit Beifügung der Angabe des Rechtsbuches (quod in digestis legitur: „Gaius libro II. institutionum: nam res ereditarię" rel.), hier ohne dieselbe (ut Paulus dixit V. Responsorum).

Diese den Glossatoren bekanntlich völlig fremde Citirart kommt in der Litteratur des 11. Jahrh. und in Schriften des beginnenden 12. Jahrh., welche, von der Bologneser Schule unabhängig, auf jener Litteratur fuſsen, nicht selten vor. So im sog. Ashburnhamer Rechtsbuche und hienach im systematischen Petrus,[e] ferner in der sog. Collectio Caesaraugustana,[f] sodann in einer der jüngeren Turiner Institutionenglossen (Gl. 130),[g] endlich in einem Briefe des Wibald von Stablo und Corvey (geb. 1097, † 1158) vom J. 1149.[h] Sie beweist jedenfalls, dass man im Besitze von Handschriften war, worin sich die Inscriptionen vorfanden.

Ferner aber wird, und das ist besonders wichtig, durch die Gl. 193, welche aus L. 11 §. 2 D. ad L. Iul. de vi publ.

---

probandi semper incumbit illi qui agit", doch wohl nicht, wie Boretius und Conrat meinen, aus L. 21 D. de prob. XXII, 3, sondern gewiss aus §. 4 Inst. de legat. II, 20 geschöpft.

e) S. Conrat, Gesch. des röm. Rechts I. S. 504 vbd. S. 500 ff.

f) S. Mommsen's groſse Digestenausgabe II. p. 42* sq.

g) S. Savigny, Gesch. des röm. Rechts II. S. 441.

h) Ep. 150 in Jaffé, Bibl. rer. Germ. I. p. 232 sqq. Als Belegstellen werden darin (p. 249) wörtlich drei Stellen aus dem 1. Buche der Digesten mitgetheilt, welche folgendermaſsen eingeleitet sind: „Ex libro digestorum primo: Modestinus libro I. pandectarum" (= L. 11 D. I, 6); „Item ex eodem: Ulpianus libro XIV. ad Sabinum" (= L. 12 D. I, 7); „Item ex eodem: Papianus libro XXXVI. questionum" (= L. 13 D. I, 7).

XLVIII, 6 geschöpft ist, bewiesen, dass Gualcausus auch das Digestum novum gekannt hat, von welchem wir zum Überflusse schon aus der Expositio zum Liber Papiensis bestimmt wissen, dass es der Papienser Schule vorlag, nämlich aus Expos. §. 5 ad Roth. 200, wo aus L. 94 D. de verb. sign. L, 16 ein Stück wörtlich mitgetheilt wird. Freilich scheint der Gebrauch dieses Theils der Digesten ein sehr schwacher gewesen zu sein; denn wie für die Expositio die genannte Stelle,[1] so ist die Gl. 193 für die ganze Gualcausische Glosse der einzige sichere Beleg seiner Benutzung. In Gl. 113 ist die Benutzung von L. 226 D. de verb. sign. L, 16 mindestens sehr zweifelhaft.

Von dem Infortiatum zeigt die Kölner Glosse, ebenso wie die Expositio, gar keine Spuren der Benutzung. Dagegen ist, wie das Digestum vetus in der letzteren nach der Zusammenstellung von Boretius sieben Mal gebraucht ist, seine Benutzung auch in unserer Glosse in ziemlich zahlreichen Fällen zu erkennen, nämlich in der Gl. 3, 4, 5, 19, 35, 89, 105, 106, 114, 115, 131. Darunter verdient die Gl. 106 noch eine besondere Besprechung. Sie lautet so: „Est enim contractus, ut in digestis legitur, duorum pluriumue consensus in idem, quo alter alteri obligatur". Die Grundlage ist L. 1 §. 2 D. de pactis II, 14: „est pactio duorum pluriumve in idem placitum et consensus". Aber die Fassung ist doch ziemlich verschieden; auch ist in den Digesten von pactio und nicht von contractus die Rede. Und doch macht die Glosse den Eindruck, als solle eine in den Digesten enthaltene Definition von contractus wörtlich wiedergegeben werden. Eine mit jener Definition der Glosse ganz nahe verwandte Definition von contractus findet sich nun im Libellus de verbis legalibus 6: „Contractus est duorum uel plurium in idem consensus". Dieser Schrift, wie ohne Zweifel auch der sog. Expositio terminorum usitatiorum iuris utriusque, liegt aber ein älteres

[1]) Vgl. die Zusammenstellung von Boretius in der Praef. ad L. Papiens. §. 70 (Mon. Germ. hist. Legg. t. IV. p. LXXXIX.).

alphabetisch angeordnetes Werk zu Grunde,[k] welches unmittelbar oder in einem anderen Ausläufer der Schule zu Pavia bekannt gewesen sein muss, weil Gl. 48 die sowohl im Lib. de verb. legal. 62 wie in der Expositio terminorum (App. P. I, 56, 57) enthaltenen Definitionen von lucrum und damnum gibt, und weil diese Definition von damnum auch in der Expos. Libri Pap. §. 3 ad Karol. M. 101 wiederkehrt. So kommt man auf den Gedanken, die Definition unserer Gl. 106 möge auf dieselbe Quelle zurückgehen. Nun wird aber ferner in der genannten Stelle der Expositio zum Liber Papiensis die gedachte Definition von damnum den Digesten zugeschrieben, gerade so wie in jener Glosse die Definition von contractus. Die Verwandtschaft der Fälle ist unverkennbar, und die einfache Erklärung dürfte beide Male darin liegen, dass die Papienser Schule, weil wirklich sehr viele der im Libellus de verbis legalibus auftretenden Erklärungen aus den Digesten geschöpft sind, den letzteren im Zweifel jede dieser Erklärungen zuschrieb, begreiflich genug, da man, wie gezeigt, von den Digesten nur eine unvollkommene und oberflächliche Kenntniss besaſs.

4. Die Novellen sind, wie das Citat in Gl. 133 („Si quis crediderit“) beweist, nach dem Julianischen Auszuge gebraucht, auch hier ebenso, wie in den Glossen und der Expositio zum Liber Papiensis. Nicht minder ist die Citirform: Nennung der Anfangswörter des Capitels, ganz die gleiche.[1] Wenn aber in unserer Gl. 133 nur diese Anfangs-

---

k) Vgl. meine Jurist. Schriften des früheren MA. S. 39.

1) S. Gl. zu Widon. 6 manus collatione]: ut legitur in novella per legem „Est quaedam constitutio“ (= Iul. XLIV, 2). Ferner z. B. Expos. §. 5 ad Liutpr. 5: iuxta Novellarum legem „Neque pater aut mater“ rel. (= Iul. CVII, 3); Expos. §. 4 ad Roth. 199: per legem Novellarum — — que est „Si quis pro filia“ (= Iul. XXXIV, 6). Nur zweimal (Expos. §. 5 ad Liutpr. 62, Expos. §. 4 ad Roth. 169) wird in der Expositio auſserdem noch das Buch des Novellenauszuges angegeben. S. darüber unten XXII.

wörter genannt sind ohne jede Bezeichnung des Rechtsbuches, so erhellt daraus, dass auch dieses als sehr bekannt vorausgesetzt wird.

Dem gegenüber kann die überaus spärliche Berücksichtigung der Novellen in den Gualcausischen Glossen auffallen, da eine solche Berücksichtigung aufser in der Gl. 133 nur noch in der Gl. 59 nachweisbar ist. Namentlich kann der Mangel jedes Hinweises auf die gründliche Umgestaltung des Intestaterbrechtes als räthselhaft erscheinen. Allein das Räthsel, dünkt mich, löst sich sehr einfach durch einen Blick auf die Kölner Handschrift selbst, welche ja aufser den Institutionen auch die Novellen enthält. Es war also bei den Institutionenvorlesungen des Gualcausus offenbar angenommen, dass sich die Scholaren auch mit den Novellen bekannt machen und so die dadurch bewirkten Neuerungen erfahren würden.

XVI. Aufser den Stücken der Justinianischen Gesetzgebung sind in der Kölner Glosse (Gl. 100, 116) Cicero und (Gl. 41) Livius citirt, und in Gl. 130 ist eine aus Cicero's Topik stammende Definition wörtlich wiedergegeben. Aber freilich sind jene Citate wenig glücklich. Die in Gl. 100 dem Cicero zugeschriebene Erklärung von reus perduellionis habe ich in dieser Form in seinen Werken nicht auffinden können, und die in Gl. 116 auf seine Topik (IV. 22) gegründete Definition von damnum infectum als damnum immissum ist ihm sowohl dem Sinn wie der Form nach natürlich ebenfalls fremd. Nicht minder falsch ist das Citat des Livius in Gl. 41. Es hätte vielmehr Plinius genannt werden sollen. Doch könnte liuius durch Irrthum aus plinius entstanden sein. Auch darf man den Gualcausus für diese Glosse und vielleicht auch für Gl. 116 nicht ohne weiteres verantwortlich machen, weil jene sicher, diese wahrscheinlich von Hand 1^b geschrieben ist. Immerhin wird ihm kaum Unrecht geschehen, wenn man seine Kenntniss der klassischen Litteratur für eine ziemlich bescheidene erklärt.

Sehr merkwürdig ist, dass seine Glossen keine Spur einer Benutzung von Isidor's Origines zeigen. Um so ausgiebiger hat er von der alten Turiner Institutionenglosse Gebrauch gemacht; meine Nachweisungen zu Gl. 44b, 53b, 66, 114, 115, 117, 120, 127 gestatten daran keinen Zweifel. Begreiflich genug, da diese Glosse, wie eine Glosse zum Liber Papiensis lehrt, überhaupt in Pavia bekannt war und benutzt wurde.[a] Dagegen fehlt es wiederum an jeder Spur der Bekanntschaft mit den jüngeren Glossen, welche die Turiner Handschrift enthält, und zwar selbst mit denjenigen, welche, weil sie anscheinend von der nämlichen Hand geschrieben sind wie die alte Glosse, Krüger zwar mit herausgegeben, aber wegen der Unwahrscheinlichkeit ihrer Zugehörigkeit zu jener durch vorgesetzte Sternchen kenntlich gemacht hat. Das alles beweist zum mindesten: erstens, dass die Turiner Glosse dem Gualcausus nicht in dem jetzt zu Turin befindlichen Exemplar vorgelegen hat, dass sie also zweitens in der ersten Hälfte des 11. Jahrh., wie Krüger in der Zeitschrift für Rechtsgesch. VII. S. 47 es für das 10. Jahrh. aus anderen Gründen dargethan hat, in einer Mehrzahl von Exemplaren verbreitet war, und dass sie drittens damals eines hohen Ansehens genoss.

Aufserdem hat, wie schon ausgeführt, Gualcausus wahrscheinlich unmittelbar oder mittelbar aus dem juristischen Glossar geschöpft, woraus der Libellus de verbis legalibus und die Expositio terminorum stammen; denn dafür spricht auch noch die Verwandtschaft von Gl. 25 mit App. P. I, 18[a], 18[b] und mit Definitionen in anderen mittelalterlichen Zusammenstellungen von Erklärungen juristischer Begriffe.

---

[a]) S. Gl. zu Roth. 15 v. parentes proximi] „Nam nomine proximitatis vocantur parentes usque ad sextum gradum et ex septimo a sobrino sobrinaque natus nataque. Iure vero agnationis etiam usque ad X.“ Das war aus §. 5 Inst. de succ. cogn. III, 5, worauf Boretius verweist, mit Fug nicht abzuleiten und steht im Grunde in Widerspruch mit §. 12 Inst. de grad. cogn. III, 6. Wohl aber findet es sich in der alten Tur. Gl. 288 zu Inst. III, 5, 5 v. decimo] „Nota, quia legitimis personis hereditates usque ad decimum gradum competunt“.

XVII. Was den Werth der Gualcausischen Glossen anlangt, so wird der wirklich wissenschaftliche Charakter derselben von Flach (p. 69 s.) nicht geleugnet und von Conrat (Gesch. des röm. Rechts I. S. 335 ff.) ausdrücklich anerkannt, und diese Anerkennung lässt sich ihnen, selbst bei hohen Ansprüchen in Ansehung der Wissenschaftlichkeit, auch gar nicht versagen. Freilich macht Conrat auch mancherlei Ausstellungen. Allein diese erledigen sich zum gröſsten Theil schon durch die Erwägung, dass die Glossen aus Vorlesungen stammen, welche zur ersten Einführung in das römische Recht bestimmt waren. So der Tadel, dass in Gl. 3 einiges aus L. 1 pr. D. de iust. et iure I, 1 herangezogen ist, und dass in Gl. 5 die verschiedenen Bedeutungen des Wortes „ius" nach L. 11 D. eod. angegeben werden. Ferner der Vorwurf, dass in unfruchtbarer Weise Worte des Textes mit Definitionen begleitet würden. Das alles verdient, wie mir scheint, vom Standpunkte des einführenden Lehrers umgekehrt volles Lob. Namentlich ist es doch gerade eine der Hauptaufgaben des Lehrers, seine Zuhörer durch Definitionen der juristischen Begriffe mit diesen bekannt zu machen. Will man insbesondere dem Gualcausus wegen der in Gl. 18 gegebenen Definition von affinitas einen Vorwurf machen, so muss man diesen Vorwurf auch gegen Accursius und Azo richten, welche die nämliche Definition geben. Überdies kann man für die wirklich unfruchtbare Definition von Summa in Gl. 98 den Gualcausus gar nicht verantwortlich machen, weil diese Glosse von der Hand eines bloſsen Benutzers der Kölner Handschrift beigesetzt ist. Auch anderes, was Conrat tadelt, verschwindet bei genauerer Betrachtung der Handschrift. So der Vorwurf, dass in Gl. 10 die actiones als „ius" bezeichnet seien. Das beruht aber nur auf unrichtiger Lesung. In der Handschrift steht nicht „ius", sondern „causę", und die Auffassung von actio als causa war, wie die Accursische Glosse Actio autem zu pr. Inst. de action. IV, 6 beweist, noch dem Placentinus geläufig. Allerdings bleiben, selbst bei günstigster Beurtheilung, von unserem Standpunkte immer noch manche entschiedene Fehler und Irrthümer. Aber einzelne darunter, wie z. B. die in Gl. 79 zu Tage tretende falsche Vorstellung von dem Wesen der bekannten vier Arten der Legate, wenn diese Glosse, von Hand 1 [b] geschrieben, überhaupt von Gualcausus herrühren sollte, lassen sich doch einem Juristen des Mittelalters billigerweise gar nicht anrechnen, und was die anderen betrifft, wozu ich übrigens nicht alles zählen möchte, was Conrat in diese Reihe stellt, so wäre es doch auch traurig, wenn die Kenntniss des römischen Rechtes in acht Jahrhunderten gar keine Fortschritte gemacht hätte.

Auf jeden Fall, und das ist hier die Hauptsache, wurde der wissenschaftliche Werth der Gualcausischen Glosse zu ihrer Zeit und namentlich auch von Seite der Bologneser Schule anerkannt. Denn bei der stärksten Verschiedenheit im ganzen zeigt, wie sich aus den Nachweisungen in der Ausgabe ergibt, die Litteratur dieser Schule und insbesondere die Accursische Glosse zu den Institutionen an zahlreichen Stellen eine so nahe und überraschende Verwandtschaft mit unserer Glosse, dass sich der Einfluss der letzteren gar nicht verkennen lässt. So erklärt sich, dass noch die spätesten Glossatoren, Hugolinus und Accursius, den Gualcausus kennen und nennen. (S. ob. XIII.)

Noch zu anderen juristischen Schriften des Mittelalters, als den bisher (XVI. XVII.) erwähnten, weist unsere Glosse Beziehungen auf, jedoch nicht von der Art, dass sie nur aus unmittelbarer oder mittelbarer Benutzung sei es der Glosse in diesen Schriften oder umgekehrt erklärbar wären. Ich begnüge mich daher in dieser Hinsicht vollends mit einem Hinweise auf die in meiner Ausgabe gelieferten Nachweisungen.

XVIII. Fragt man endlich nach dem Werthe der erlangten Ergebnisse für die litterärgeschichtliche Forschung, so ist er nach den verschiedensten Seiten ein ungemein grofser.

Vor allem steht nunmehr in ganz positiver Weise fest, dass bereits in der ersten Hälfte des 11. Jahrh. eine wahrhaft wissenschaftliche Behandlung des römischen Rechtes bestand, und zwar an einer Schule, deren Schwerpunkt gar nicht in der Lehre des römischen, sondern in derjenigen des langobardischen Rechtes lag. Schon damit wird das ganze Gebäude Flach's unrettbar über den Haufen geworfen; denn muss man einmal zugeben, dass jene wissenschaftliche Behandlung nicht erst mit Irnerius begann, so fehlt es an jedem erdenklichen Grunde, nun irgend einen früheren bestimmten Zeitpunkt als denjenigen ihres Beginns zu betrachten. Und wenn Savigny ehedem schrieb und gemäſs der damaligen allgemeinen Vorstellung schreiben konnte: Irnerius habe alles aus sich selbst geschöpft und ohne Vorgänger gearbeitet, so wird doch auf dem gegenwärtigen Standpunkte der Forschung schwerlich jemand geneigt sein, das etwa jetzt auf den Gualcausus zu übertragen.

Zudem wissen wir, dass Lanfrancus, ein Zeit- und Altersgenosse des Gualcausus und, wie dieser, in jungen Jahren Lehrer des langobardischen und des römischen Rechtes in Pavia, vom Knabenalter an in den Schulen der liberales artes und des weltlichen Rechtes unterrichtet wurde nach dem Brauche seines Vaterlandes. Muss man da nicht ohne weiteres annehmen, dass auch Gualcausus eine Unterweisung im römischen Rechte und eine Anleitung zu wissenschaftlicher Behandlung desselben empfangen habe? Führt das aber nicht von selbst zu der weiteren Vermuthung, dass schon dem 10. Jahrh. ein wissenschaftlicher Betrieb des Rechtes, und insbesondere des römischen Rechtes nicht ganz fremd gewesen sei?

Diese Vermuthung wird aber zur Thatsache bei einem Hinblicke auf die Turiner Institutionenglosse, deren wissenschaftlicher Charakter von niemandem bestritten ist und bestritten werden kann. Sie ist dem von zwei Schreibern im 9. oder 10. Jahrh. geschriebenen Institutionentexte später von einer anderen Hand des 10. Jahrhunderts beigesetzt, „also nicht etwa als kenntniss- und gedankenlose Wiedergabe einer älteren Vorlage, sondern mit vollster bewusster Absicht.“[a] Wenn aber der damalige Besitzer der Institutionenhandschrift die Glosse absichtlich beifügen liefs, so beweist das doch wohl, wenn man nicht mit vorgefassten Meinungen an die Sache herantritt, dass die Glosse damals als werthvolles Hülfsmittel zu tieferem Studium der Institutionen bekannt war und benutzt wurde. Und dieser Schluss wird vollends zu einem unanfechtbaren, wenn man aus der Handschrift selbst mit Sicherheit erkennt, dass die Glosse „nicht blofs in dem Archetypon unseres Abschreibers, sondern in noch anderen Exemplaren verbreitet gewesen“,[b] und dass sie sogar in der Handschrift

---

[a]) Diese in meiner Schrift über die Anfänge der Rechtsschule zu Bologna S. 53 gebrauchte Wendung kann in diesem Zusammenhange doch offenbar nur bedeuten, dass die Glosse nicht in der Handschrift stehe, weil sie der Schreiber der letzten in seiner Vorlage gefunden und kenntnisslos in der Annahme, sie sei ein Bestandtheil der Institutionen selbst, oder ganz gedankenlos mit abgeschrieben habe, sondern weil der Besitzer der Handschrift auf die Glosse als Erklärungsmittel Werth gelegt und sie daher mit bewusster Absicht aus einer anderen Handschrift der seinigen habe beifügen lassen. Ob der hiemit beauftragte Schreiber bei seiner Arbeit mehr oder minder gedankenlos verfahren, darüber habe ich mich nicht ausgesprochen und hatte auch gar keinen Anlass mich auszusprechen, weil dieser Punkt für mich ganz gleichgültig war. Von einem Widerspruche jener meiner Äufserung mit der Darstellung Krüger's in der Zeitschr. f. Rechtsgesch. VII. S. 47 kann also keine Rede sein. Anders ist denn auch ihr Sinn von Conrat, Gesch. des röm. Rechts I. S. 117 Anm. 2 nicht aufgefasst. Flach (p. 62 s.) dagegen lässt mich sagen, die Glosse sei von einem Juristen oder doch wenigstens von einem mit dem Rechte vertrauten Schreiber abgeschrieben worden, und benutzt diese Missdeutung zu der spöttischen Bemerkung, ich habe mich etwas unklug auf Krüger's Zeugniss berufen. Damit meint er zugleich meine ganze Schlussfolgerung vernichtet zu haben. Ich kann hier wirklich nur glauben, dass es Flach an genügender Beherrschung der deutschen Sprache fehle.

[b]) So wörtlich Krüger a. a. O., auf welchen ich mich auch für die folgende Bemerkung über die Correctur der Glosse in der Hand-

mit Hülfe eines solchen anderen Exemplars corrigirt worden ist, wenn man ferner erwägt, dass sie, wie oben gezeigt, in einem solchen anderen Exemplar in der ersten Hälfte des 11. Jahrhunderts zu Pavia von Gualcausus gebraucht worden ist, dass sie überhaupt der Langobardistenschule des 11. Jahrh. bekannt war, und wenn man endlich berücksichtigt, dass ihr in der Turiner Handschrift von einer grofsen Zahl verschiedener Hände im 10., 11. und 12. Jahrh. fortlaufend neue Glossen zugesetzt worden sind, darunter solche, welche zweifellos aus mündlichem Lehrvortrage stammen. Hat man nun aber ein wissenschaftliches Werk, wie die alte Turiner Glosse, im 10. Jahrh. zum Studium des römischen Rechtes benutzt, so hat man damals dieses Recht auch wissenschaftlich betrieben, und ein solcher wissenschaftlicher Betrieb muss doch auch als nützlich und werthvoll erkannt worden sein; sonst hätte sich nicht der Besitzer der Turiner Handschrift die Glosse, gewiss mit schweren Kosten, an den Rand schreiben lassen.[c] Das Gewicht dieser Schlüsse wird, soviel ich sehe, in keiner Weise dadurch geschwächt, dass die Glosse nicht im 10. Jahrh., sondern zur Zeit Justinian's entstanden ist. Im Gegentheil führt dieser Umstand nur zu dem weiteren Schlusse, dass sie auch in der Zwischenzeit gekannt und gebraucht worden sein müsse, und daraus folgt dann, dass auch in dieser Zwischenzeit ein wissenschaftlicher Betrieb des römischen Rechtes niemals ganz aufgehört haben kann.[d]

schrift berufe. Flach (p. 65) hat hier auch Krüger's Worte offenbar nicht richtig verstanden, denn er lässt Krüger sagen, die Angabe einiger Varianten lasse vermuthen, dass der Abschreiber der ursprünglichen Glosse („glose primitive“) im 6. oder 7. Jahrh. nicht aus einer einzigen Handschrift geschöpft habe. Richtig Conrat a. a. O. Anm. 1.

c) Die Werthschätzung theoretischer Rechtsstudien für die Praxis ergibt sich ausdrücklich auch aus der Kölner Gl. 2: „Legum doctrina adiuuatur iudiciaria congnitio“.

d) Es ist interessant zu sehen, wie Flach und Conrat dieser Beweisführung zu begegnen suchen. Nach Flach (p. 63 ss.) liegt die Sache einfach so. Die Glosse, wie sie in der Turiner Handschrift ent-

Als Zeugniss für wissenschaftlichen Betrieb des römischen Rechtes im 10. Jahrh. steht nun aber die Turiner Glosse nicht einmal allein. Denn weitere Zeugnisse liegen für Italien in der im 10. Jahrh. geschriebenen Pistoieser

---

halten ist, setzt sich aus zwei ganz verschiedenen Grundbestandtheilen zusammen: einer alten Partie aus der Zeit Justinian's, mechanisch von einem unwissenden Schreiber des 10. Jahrh. abgeschrieben, und einer neueren Partie von zahlreichen Händen des 11. und 12. Jahrh. Die letztere gehört nach Citirform und Inhalt der Bologneser Schule an, und man findet darin sogar die bekannten Siglen M und P für Martinus Gosia und Placentinus. Also — beweist die Glosse nur für das 6. Jahrh. einerseits und die Zeit der Glossatoren andererseits, aber gar nichts für die Zwischenzeit. „Une oeuvre maladroite de copiste, voilà donc tout ce qui demeure à l'actif de la période intermédiaire". Aber dieses ungeschickte Machwerk hat doch wohl nicht bloſs den Zweck gehabt, dem 19. Jahrh. zu beweisen, dass zur Zeit Justinian's eine Rechtswissenschaft bestanden. — Nach Conrat a. a. O. S. 117 ist es recht wohl möglich, dass die Vorlage der Turiner Handschrift dem Zeitalter Justinian's angehörte. (Möglich; aber, namentlich wegen des Daseins mehrerer Exemplare, gewiss nicht wahrscheinlich.) Mithin lässt sich eine von Justinian bis zur Abfassungszeit der Handschrift reichende fortdauernde Benutzung der Glosse nicht behaupten. Die Folgerung derselben aus dem von Krüger angenommenen Dasein mehrerer Exemplare ist nicht schlüssig. (?) Nicht einmal so viel lässt sich sagen, dass die Glosse zur Zeit ihrer Hinzufügung in der Turiner Handschrift die Aufmerksamkeit auf sich gelenkt hat. (Aber warum ist sie dann zugefügt worden?) Die ununterbrochene Benutzung der Handschrift in der Folgezeit sowie die bis ins 12. Jahrh. ununterbrochene Beifügung weiterer Glossen beweist, dass die Glosse vom 10. Jahrh. ab zur Benutzung offen lag, nicht dass sie in der That benutzt worden ist. (Also die sämmtlichen Urheber aller dieser weiteren Glossen sollten die alte Glosse der Handschrift nie gelesen haben!) Selbst für die Blüthezeit der Glossatorenschule ist es nur einigermaſsen wahrscheinlich, aber durchaus nicht sicher, dass man auf die alte Glosse aufmerksam wurde und ihr eine gewisse Beachtung schenkte. Und das alles hält Conrat schlieſslich noch mit der Annahme (S. 118 Anm. 5 a. E.) für vereinbar, dass eine ganze Anzahl im 10. Jahrh. zu dem ursprünglichen Glossenbestande der Handschrift hinzugefügter weiterer Glossen „aus einem zweiten alten Exemplar" (doch wohl der alten Glosse) stammen möge. Und ferner weist er selbst auf S. 338 die Wiederholung einiger der alten Turiner Glossen in der Kölner Institutionenglosse nach.

Glosse zum Codex, welche wenigstens im 11. Jahrh. und noch von den Glossatoren als wissenschaftlich angesehen wurde (s. o. III. a. E.), und in Glossen zum Julian, welche im 10. Jahrh. geschrieben und, wie z. B. die Glosse der Leipziger Handschrift zu cap. 328, unleugbar wissenschaftlichen Charakters sind,[e] für Frankreich in Glossen zum Breviar, die sich in Handschriften des 10. und 9. Jahrh. finden und von Conrat (Gesch. des röm. Rechts I. S. 250, 252) ausdrücklich für „keine geringwerthige Leistung" erklärt werden. Auch die im 9. oder 10. Jahrh. geschriebene Bamberger Institutionenglosse enthält neben zwei Pandektenstellen einige jetzt auch von Conrat (S. 118) als nicht verächtlich anerkannten Stücke.[f] Aus einer am Anfange des

[e]) Conrat, welcher (Gesch. des röm. Rechts I. S. 171, 192 fg.) den wissenschaftlichen Charakter eines Theils der Pistoieser Glossen und der Leipziger Glossen zum Julian dort ausdrücklich, hier stillschweigend anerkennt, sucht sich so zu helfen, dass er diese wissenschaftlichen Partieen hier wie dort dem Zeitalter Justinian's zuweist. Das wird aber blofs aus Form und Inhalt gefolgert, stützt sich also auf die vorgefasste Meinung, dass das frühere Mittelalter zu Schöpfungen solcher Art schlechterdings unfähig gewesen sei, und das ist doch eben erst die Frage. Auch ist jene Annahme nur ein äufserst schwacher Nothbehelf; denn schon die Aufnahme jener Glossen in Handschriften des 10. Jahrh. beweist wiederum, dass diesem ein wissenschaftliches Studium des römischen Rechtes nicht fremd war. Überdies kommt Conrat für die Pistoieser Glossen mit jener Annahme nicht einmal aus. Einen Theil dieser Glossen, dessen relative Güte er S. 174 ausdrücklich anerkennt, erklärt er selbst für „ein Product des früheren Mittelalters".

[f]) Conrat sucht auch dieser seiner Grundanschauung ungünstigen Thatsache dadurch auszuweichen, dass er kurzer Hand alle diese Glossen (es sind im ganzen fünf) von den anderen sondert und dem Justinianischen Zeitalter zutheilt. Das ist aber wieder ganz willkürlich, und hier um so willkürlicher, als zur Abfassung dieser Glossen keine allzu tiefe juristische Bildung gehörte, und als überdies die Bamberger Glosse nach demjenigen, was Conrat S. 163 Anm. 7 jetzt aus ihr mittheilt, auch in ihren übrigen Stücken so schlecht gar nicht ist, wie man nach Conrat's früheren Äufserungen in der Epitome Exactis regibus annehmen konnte. Zudem ist, wie in der vorigen Anmerkung gesagt, für Conrat durch jene Annahme wenig gewonnen.

9. Jahrh. (nach der eigenen Angabe des Schreibers im J. 833) geschriebenen Handschrift (MS. Paris. Bibl. nat. lat. 4413) hat Flach p. 157 ss. bisher nur unvollständig veröffentlichte Glossen zum Breviar herausgegeben, denen er (p. 84, 86), wenigstens zu einem grofsen Theil, einen juristischen Werth („une valeur juridique") ausdrücklich zuerkennt. Nur meint er freilich, der Verfasser zeige sich nicht im römischen Rechte, sondern nur im germanischen Rechte oder vielmehr in dem aus beiden Rechten durch die Praxis geschaffenen Mischrechte bewandert, wovon ich indessen nichts habe bemerken können, und was auch nichts gegen mich beweist, da ich bei meiner Behauptung wissenschaftlichen Rechtsbetriebes nicht allein vom römischen Rechte geredet habe. Jedenfalls, fährt Flach (p. 86 s.) fort, werde durch die Glossen dieser Pariser Handschrift sowie durch diejenigen der Lyoner Handschrift des Breviars und durch die Karl d. Gr. gewidmeten Notae iuris des Magno nichts weiter bewiesen, als dass durch den Anstofs des grofsen Kaisers ein vorübergehendes Wiedererwachen („un réveil passager") der Rechtsstudien wie der anderen Studien stattgefunden habe.

Ich gehe darüber hinweg, ob es denkbar ist, dass eine gänzlich erloschene Rechtswissenschaft durch den Machtspruch eines noch so mächtigen Herrschers willkürlich und plötzlich wieder hervorgerufen werden konnte, und bemerke nur noch, dass für das 7. Jahrh. ein wissenschaftliches Studium des römischen Rechtes durch den oben (II.) erwähnten Brief Aldhelm's unwiderleglich bezeugt ist. Für das 6. Jahrh. endlich wird wissenschaftlicher Betrieb des römischen Rechtes gegenwärtig von niemandem mehr geleugnet.

Diese flüchtige Skizze wird wohl ausreichen, um dem unbefangenen Leser auch meine Behauptung nie gänzlich unterbrochener wissenschaftlicher Behandlung des Rechtes und insbesondere des römischen Rechtes doch nicht als reines und thatsächlich völlig bodenloses Phantasiestück erscheinen zu lassen. Wer sich ein gründlicheres Urtheil bilden will, mag meine Darstellung in der Schrift über die Anfänge der Rechtsschule zu Bologna S. 68 ff. mit den Darstellungen Flach's und Conrat's vergleichen. Dabei muss aber noch bemerkt werden, dass Conrat seinen ursprünglichen Standpunkt jetzt gar nicht mehr strenge festhält, sondern seinen Gegnern ein gutes Stück entgegengekommen ist, indem er in der Geschichte des römischen Rechts im früheren M. A. I. S. 332 das frühere Mittelalter nicht mehr, wie in der Epitome Exactis regibus, bis zum Beginn des letzten Drittels des 11. Jahrh., sondern nur noch bis zum Ausgange des 10. Jahrh. rechnet und mit dem 11. Jahrh. auch die „Übergangszeit“, d. h. die Anfänge wissenschaftlicher Behandlung des römischen Rechtes, beginnen lässt. Auch dabei wird er in Erwägung seines Urtheils über die Pistoieser Glosse und über die Glossen des 9. und 10. Jahrh. zum Breviar auf die Dauer wohl nicht stehen bleiben können. Hier zeigt sich also auch bei demjenigen Schriftsteller, welchem Flach nicht bloſs in der Grundansicht, sondern auch fast in allen Einzelausführungen gefolgt ist, dieselbe Erscheinung, welche Flach (p. 9) der „neuen Schule“ zu so schwerem Vorwurfe macht, ein Wechsel der Ansichten. Solche Erscheinungen sind aber im Verlaufe einer wissenschaftlichen Forschung, welche nach dieser Richtung erst vor fünfundzwanzig Jahren ernstlich begann und sich zunächst ohne jedes sichere Hülfsmittel einer pfadlosen Wildniss gegenüber sah, gar nicht zu vermeiden. Sie beweisen jedenfalls soviel, dass doch die „neue Schule“ nicht, wie Flach ihr Schuld gibt, einer vorgefassten allgemeinen Theorie zu Liebe die Thatsachen einseitig zurechtschneidet, sondern bemüht ist, durch allseitige Aufsuchung und unbefangene Würdigung der geschichtlichen Zeugnisse und Denkmäler rücksichtslos, und ohne Rücksicht sogar auf früher ausgesprochene eigene Ansichten, den wirklichen Sachverhalt herauszustellen. Dass dieses Verfahren unfruchtbar und wissenschaftlich verwerflich sei, wird niemand, welcher den Gang der Forschung verfolgt hat, behaupten wollen. Und wenn Flach diesen Dingen näher stünde, so hätte auch ihm nicht entgehen können, dass gerade dadurch schon jetzt eine ganze Reihe fester Richtpunkte gewonnen ist, nach denen die Forschung im ganzen mit sicherem Schritte vom bekannten zum unbekannten vordringen kann. Aber freilich, wem es von vornherein feststeht, dass auf einem wissenschaftlichen Gebiete nichts zu finden ist, von dem kann es nicht wundern, wenn er sich nicht die Mühe gibt, die auf diesem Gebiete geleistete Forschungsarbeit auch nur mit annähernder Vollständigkeit kennen zu lernen.

XIX. Ein zweites, was durch die Gualcausischen Glossen unantastbar bewiesen wird, und was mit dem so eben ausgeführten in engstem Zusammenhange steht, ist die Thatsache, dass die Digesten bereits in den ersten Zeiten des 11. Jahrh. bekannt waren und in Gebrauch standen. Damit fällt die Möglichkeit, Schriften, worin die Digesten benutzt sind, wie z. B. das sog. Tübinger Rechtsbuch, schon deshalb diesem Zeitalter abzusprechen.

Ferner aber wird dadurch die Annahme Conrat's (Gesch. des röm. Rechts I. S. 65 ff.) widerlegt, die Pandekten seien nach einer Verschollenheit mehrerer Jahrhunderte erst um die Mitte des 11. Jahrh. wieder aufgefunden worden. Wenn Conrat (S. 73) zur Erklärung dieser vermeintlichen Verschollenheit die Vermuthung ausspricht, man habe im früheren Mittelalter die Pandekten wohl gar nicht für ein Werk Justinian's gehalten, so scheint mir diese Ansicht freilich schon aus anderen Gründen völlig unmöglich. Die Institutionen, welche doch stets benutzt wurden, reden schon im Prooemium eingehend von den „libri quinquaginta digestorum seu pandectarum“ als von einem Gesetzeswerke Justinian's; auch verweisen sie oft genug und namentlich noch in ihren letzten Worten auf die Digesten, als welche über eine in den Institutionen nur kurz behandelte Frage eingehendere Belehrung geben würden. Nicht minder werden gleich in den ersten Worten des Julianischen

Novellenauszuges, also desjenigen Werkes, welches als Justinianisches Gesetzbuch während des früheren Mittelalters nächst den Institutionen am meisten gebraucht wurde, die Digesten genannt. Wie hätte dem gegenüber das Bewusstsein, dass sie ein wesentliches Stück der Justinianischen Gesetzgebung seien, je verloren gehen können?

Aber auch von einer gänzlichen Verschollenheit der Digesten während irgend einer Zeit des Mittelalters kann gegenwärtig nicht mehr die Rede sein; steht es doch genugsam fest, dass sie allezeit Gegenstand einer gewissen, wenn auch im Vergleiche mit den anderen Theilen der Justinianischen Gesetzgebung recht spärlichen Bearbeitung gewesen sind. Mommsen hat in der Vorrede zu seiner großen Ausgabe des Rechtsbuches die kenntlichen Spuren dieser Bearbeitung nachgewiesen.[a] Neuerdings aber hat Zdekauer aus der Florentiner Handschrift selbst erwiesen, dass sie zu jeder Zeit des früheren Mittelalters gekannt, studirt und geschätzt worden ist.[b] Endlich hat jüngst Chiappelli das erste Capitel eines umfassenden Werkes über die Geschichte der Pandekten im Mittelalter veröffentlicht, worin für die ununterbrochene Benutzung derselben zahlreiche Belege aller Art beigebracht sind.[c]

XX. Ein dritter und wesentlicher Gewinn, welchen die Ermittelung der Herkunft der Kölner Institutionenglosse

---

[a]) Ich habe mich darüber eingehend geäußert in der Zeitschrift der Sav.-Stift. f. Rechtsgesch. VI. Rom. Abth. S. 111 fg. Flach (p. 56) leugnet die Richtigkeit dieser Darstellung. Hätte er aber Mommsen's Vorrede mit der einer solchen Arbeit gebührenden Sorgfalt und Vollständigkeit und mit eigenem Nachdenken gelesen, so würde er gefunden haben, dass Mommsen's Ausführungen genau das ergeben, was ich daraus abgeleitet habe.

[b]) S. Lodovico Zdekauer, Su l'origine del manoscritto pisano delle pandette giustinianee e la sua fortuna nel medio evo (Siena 1890) p. 19 segg.

[c]) Chiappelli, Nuovi studi sopra la storia delle pandette nel medioevo (Bologna 1890. Estratto dall' Archivio Giuridico Vol. XLIV, Fasc. 6) p. 8 segg.

der Wissenschaft bringt, besteht darin, dass wir jetzt in ihr den ersten sicheren Beweis eines unmittelbaren Einflusses besitzen, welchen die Arbeiten der Schule zu Pavia auf diejenigen der Bologneser Schule geübt haben. Der Zusammenhang beider Schulen, schon bisher zu vermuthen, ist somit nunmehr vollkommen festgestellt.

Mindestens eben so wichtig ist aber das neue Licht, welches die Glosse über die Schule zu Pavia und ihre Thätigkeit verbreitet. Diese Schule stellt sich immer deutlicher als eine ganz große, auch vom Auslande, namentlich von Frankreich, her stark besuchte Hochschule heraus, an welcher nicht bloß das langobardische, sondern auch das römische Recht gelehrt wurde, und an welcher außerdem auch die liberales artes, soweit sie mit der Rechtswissenschaft zusammenhängen, Grammatik, Dialektik und Rhetorik, in eifrigem Betriebe standen.[a] Selbst für die weitere Geschichte der Papienser Schule ist die Kölner Hand-

---

[a]) Als Hochschule für Dialektik wie für die Leges wird Pavia um 1120 in dem Briefsteller des Henricus francigena ausdrücklich genannt. S. Zeitschr. der Sav.-Stift. für Rechtsgesch. VII. Rom. Abth. Heft 2 S. 66 fg. Eine lebhafte Pflege der Logik, worunter im Mittelalter Dialektik und Rhetorik verstanden wurden, verrathen auch die Kölner Glossen 160, 161 und die oben (XIII. a. E.) erwähnten Glossen zum Liber Papiensis. Ferner die in der Expositio zu Grim. 8 berichtete Disputation des Lanfrancus mit den Schülern des Bonifilius und der Umstand, dass sich nach Expos. §. 14 ad Otton. I. 3 der Papienser Jurist und ohne Zweifel Rechtslehrer Sigefredus, nach den Urkunden ein etwas älterer Zeitgenosse des Gualcausus (s. Boret. in praef. ad Lib. Papiens. §. 84), für die Entscheidung einer wichtigen Rechtsfrage auf die Rhetorik berief. Endlich darf nicht unbeachtet bleiben, dass Gualcausus selbst in den Hexametern an der Spitze der Walcausina als „rethor meritus" bezeichnet wird. Der Betrieb auch der Grammatik versteht sich hienach schon ganz von selbst, wird aber auch durch die Berufung auf Livius und Cicero in den Kölner Glossen 41, 100, 116 bewiesen, obgleich diese Citate falsch oder wenig zutreffend sind. Denn gerade hieraus ist zu erkennen, dass selbst in der klassischen Litteratur nicht sehr bewanderte Rechtslehrer durch einige klassische Citate sich den Anstrich klassischer Bildung zu geben suchten.

schrift von grofser Bedeutung. Wissen wir aus der zwischen 1119 und 1124 zu Pavia verfassten Gemma des Henricus francigena, dass damals die dortige Hochschule noch in Blüthe war, so zeigt die oben dargelegte Geschichte dieser Handschrift, deren sämmtliche Stücke aller Wahrscheinlichkeit nach in Pavia geschrieben sind, dass jene Schule, wenn auch mit jetzt gegen Bologna stark verblasstem Glanze, noch gegen Ende des 12. Jahrh. fortbestanden hat. (Vgl. unt. XXX.) So wird es wahrscheinlich, dass sie überhaupt niemals gänzlich erlosch, eine Frage, welche weiterer Untersuchung würdig wäre.

Endlich mag noch ein kleiner, bisher nicht erwähnter, Nutzen hervorgehoben werden, welchen die Kölner Handschrift unseren litterärgeschichtlichen Arbeiten verschafft. Zu Inst. III, 27, 2 hat sie nämlich von Hand 1ᵃ die Angabe einer Variante („ex malificio“ statt „ex maleficio“) mit Beifügung der Sigle P. (wegen dieses Umstandes als Gl. 137 ausnahmsweise in meine Ausgabe aufgenommen). Das kann hier unmöglich auf den Glossator Placentinus gehen, da dieser im J. 1192 starb und also sicher zur Zeit, als jene Variante geschrieben wurde, noch nicht als Lehrer und Schriftsteller thätig oder gar berühmt gewesen sein kann. War aber sonach jene Sigle schon vor Placentinus in Gebrauch, so erhellt, dass sie nicht überall, wo sie vorkommt, ohne weiteres und unbedingt auf diesen bezogen werden darf.

XXI. Die von Hand 1ᵇ geschriebenen Glossen der Kölner Handschrift liefern keine besonderen Ergebnisse. Dagegen sind die nicht von Hand 1ᵃ und 1ᵇ herrührenden nicht ohne selbständiges litterärgeschichtliches Interesse.

Die vielleicht von Hand 1ᶜ herrührenden Glossen 159, 176, 177, 189, 191 sind wörtlich aus dem Tractate De actionum varietate et vita seu longitudine ausgehobene Stellen.[a] Dem Gualcausus können diese Glossen schon darum

[a]) Das wird auch von Conrat, Gesch. des röm. Rechts I. S. 335 anerkannt, in dessen Ausgabe jedoch die Glossen 159 und 189 fehlen. — Der

nicht zugeschrieben werden, weil die vier ersten gar keine Erklärungen des Institutionentextes, sondern Zusätze zu dem Inhalte des Rechtsbuches geben, und weil die fünfte zu dem Satze der Institutionen IV, 18, 1: „Publica autem dicta sunt (sc. iudicia), quod cuivis ex populo exsecutio eorum plerumque datur" bemerkt: „Ideo autem diximus „plerumque" rel.; so konnte aber Gualcausus als Ausleger der Institutionen unmöglich reden. Demnach kann aus diesen Glossen für sich allein nichts weiter gefolgert werden, als dass jener Tractat schon am Anfange des 12. Jahrh. vorhanden war.

Unter den von Hand 3 beigesetzten Glossen (Gl. 14, 20, 134, 158, 178?) ist am wichtigsten die Gl. 134, welche den Geminianus nennt. Sie lehrt wenigstens so viel mit Bestimmtheit, dass dieser und seine citirte Schrift (s. ob. IV.) der Zeit vor der Mitte des 12. Jahrh. angehört. Aufserdem findet sich in Gl. 158 die für die Papienser Schule typische Wendung: „Hic uidetur" (s. ob. S. 32), was den Schluss erlaubt, dass auch diese Glossen aus der gedachten Schule stammen. Endlich scheint in Gl. 14 das Breviar (Lib. Gaii VI, 3) benutzt zu sein, und in Gl. 178, deren Zugehörigkeit zu dieser Glossengruppe freilich zweifelhaft ist, wird eine Digestenstelle (L. 1 D. de comp. XVI, 2) wiedergegeben.

2. Die Epitome Iuliani und ihre Glossen.

XXII. Die Handschrift ist zwar, wie schon gesagt (ob. V.), von dem Miniator im ganzen in entsprechender Weise wie die Institutionenhandschrift verziert, hat aber nur zweimal künstlerisch ausgeführte Initialen, nämlich am Anfange des Werkes (s. ob. S. 11) und sodann am Anfange des zweiten Buches (LXIII, 1). Die Anfangsbuch-

Text stimmt mit geringen Ausnahmen genau überein mit dem Texte der früher Hänel'schen Handschrift, woraus ich den Tractat in meinen Juristischen Schriften des früheren MA. S. 128 ff. herausgegeben habe. Dagegen zeigt der Text der Handschrift des Herrn Bellin zu Lyon, dessen Kenntniss ich der Güte des Herrn Caillemer verdanke, ziemlich starke Abweichungen.

staben der Capitel sind ohne sonstige Verzierung Anfangs abwechselnd roth und roth und braun, später abwechselnd roth und braun gemalt.

Die Handschrift beginnt — f. 62 (61) a — mit der über der ersten Zeile grün und roth gemalten Überschrift des ersten Capitels: „Si heres legata soluere noluerit. Primum quidem". Der Anfangsbuchstabe S ist mit der grofsen Initiale I des Textes zierlich verschlungen. Am Ende des ersten Buches — f. 80 (79) a — steht: „Explicit liber primus, incipit secundus", und am Schlusse des ganzen Werkes — f. 108 (107) a — mit rother Verzierung aller einzelnen Buchstaben: „Explicit. Deo gratias. amen.", worunter der Hexameter: „Me qui corde petit, sua gaudia quique (quoque?) uidebit". Was noch folgt, ist der Nachtrag einer Auslassung (cap. 175—182), auf welchen bei cap. 174 durch die Randbemerkung: „In fine huius pete libelli. 'Si quis sua manu' (= cap. 175) inuenies ibi" mit einem bei dem Nachtrage wiederkehrenden Einschaltungszeichen hingewiesen ist.[a]

Bemerkenswerth ist hier zunächst der erwähnte Schlussvermerk: „Explicit. Deo gratias. amen", weil er — von einem Schreiber der ersten Hälfte des 12. Jahrh. — in der von Boretius als Cod. 7 bezeichneten Pariser, früher Veroneser Handschrift, welche nach dem Facsimile b hinter Mon. Germ. hist. Legg. t. IV. p. XXXIV. auch eine der Gl. 51 zum Julian genau entsprechende Glosse enthält, am Schlusse der Walcausina in folgender Form wiederkehrt: „Explicit lex Lombarda. Deo gratias. Amen."[b] Sodann die Eintheilung des Julian in zwei Bücher, von welcher wir

---

[a]) Damit hebt sich das Bedenken Conrat's, Gesch. des röm. Rechts I. S. 361 Anm. 6.

[b]) S. Boretius in praef. ad L. Papiens. §. 16 (M. G. hist. Legg. t. IV. p. LIX.). Nach den dortigen Angaben scheint die Handschrift am Rande auch ganz gleiche Zeichen zu haben wie die Kölner Handschrift.

wissen, dass sie der Papienser Schule vorlag.[c] Endlich der Mangel der Angabe der Zahlen sowohl der Constitutionen als der Capitel, auf eine Schule hindeutend, welche, wie die Papienser, bloſs nach den Anfangswörtern der Capitel citirte.[d] Das alles dient von vornherein zur Bestätigung der Thatsache, dass auch diese Handschrift in Pavia entstanden ist und mit der dortigen Schule in engster Beziehung steht.

Sie enthält aber ferner nicht den vollständigen Julian, sondern gleich anderen Handschriften nur einen Auszug, entsprechend der Epitome Codicis.[e] Dagegen hat sie, hierin ebenfalls mit anderen Handschriften übereinstimmend, auf der anderen Seite auch mehr als den Julian; denn nach cap. 530 (Iul. CXXIII, 4), dem letzten der aus diesem aufgenommenen Stücke, folgen — f. 107 (106) a — als Anhang noch die capp. 19—21 der Epit. Nov. 134 de Vicariis, sodann Nov. 34 und Nov. 143. Dass dieser Anhang in einem anderen Exemplar des Julian fehlte oder doch weniger enthielt, wird nach cap. 530 am Rande angedeutet durch ein ohne Zweifel auf ein solches hinweisendes Zeichen (ungefähr ω̄) mit dem Beisatze: „+ (= infra) minus“.

---

c) S. ob. XV. 1. a. E. Vgl. übrigens wegen dieser Eintheilung Haenel, Iul. Epit. p. XXXVIII. sq.

d) S. ob. XV. 1. Nur dreimal ist nach meinen Beobachtungen die Zahl der Constitution bezeichnet. Nach cap. 331 steht näml. „Cōns. LXXXV.“, nach cap. 336: „Cōns. XC.“, nach cap. 338: „Idē cōn XCI.“ (Ungenau Cramer in Ztschr. f. gesch. Rechtswiss. VIII. S. 138.) Die Schreiber haben also diese Zahlen in ihrer Vorlage gefunden und nur weggelassen, weil sie damals der praktischen Bedeutung entbehrten.

e) Vgl. Haenel, Iul. Epit. p. XII. sqq. und p. 266*—268*, wo die in den Handschriften fehlenden Capitel angegeben sind. Ferner Conrat, Gesch. des röm. Rechts I. S. 362, dessen Annahme, diese Epitomirung gehöre erst der nach seiner Ansicht im 11. Jahrh. beginnenden „Übergangszeit“ an, mir jedoch nicht unbedenklich scheint, da, wie sogleich näher zu berühren, die Kölner Handschrift des Julian, ebenso wie diejenige der Institutionen, auf eine weit ältere Handschrift zurückgehen dürfte.

Das Zeitalter der Vorlage dieser Handschrift lässt sich leider nicht so genau wie bei der Institutionenhandschrift bestimmen. Doch liegt ihr ohne Zweifel, sei es unmittelbar oder mittelbar, gleichfalls eine recht alte Urhandschrift zu Grunde. Denn am Rande findet sich ziemlich oft (zu Iul. I, 4, II, 5, CVIII, 8, CXV, 21, 27, CXVII, 3, CXIX, 6) das Zeichen der ancora superior, zweimal (zu Iul. CXV, 27, CXVII, 3) auch das Zeichen Phi et Rho, und zwar beides jedesmal von der Hand 1[a]. Diese Zeichen wird man aber, wie oben (IX. a. E.) schon erwähnt, auf eine frühe Zeit zurückzuführen haben.

XXIII. Zum Texte des Julian enthält die Handschrift Bemerkungen ähnlicher Art wie zum Texte der Institutionen. Die Glossen, welche hier allein in Betracht kommen, rühren der relativen Mehrzahl nach von der Hand 1[a] her; doch ist diese bei weitem nicht so vorherrschend wie bei den Glossen der Institutionen. Übrigens ist die Unterscheidung der Hände hier noch ungleich misslicher als dort; namentlich bleibt zwischen Hand 1[a] und Hand 1[b], ferner zwischen Hand 1[c] und Hand 3 manchmal starker Zweifel. Ich habe in meiner Ausgabe die Sonderung nach wiederholter genauester Vergleichung so gut wie möglich vorgenommen.

Auch diese Glossen, oder wenigstens die meisten von ihnen, sind ohne Zweifel aus Vorlesungen hervorgegangen und nach mündlichem Vortrage nachgeschrieben worden. Denn auf letzteres deutet, dass in Gl. 18 (Hand 1[c]) a. E. die Handschrift zuerst „conpreenditur“ hatte, und das h erst nachher darübergesetzt ist, dass ferner in Gl. 38 (Hand 3) statt „multa sub se“ in der Handschrift steht: „multas sub se“, dass endlich, offenbar zufolge mangelnden Verständnisses des nachschreibenden Scholaren, in Gl. 41 (Hand 3) anstatt „apocrisarius (statt: apocrisiarius) dicitur ab apochis, eo quod“ rel. der Text der Handschrift ganz sinnlos lautet: „apocrisarius dicitur. apochiseo. quod“ rel.

Als die Heimat wird man aber auch hier unbedenklich Pavia bezeichnen dürfen, mindestens soweit nicht die von Hand 3 geschriebenen Glossen in Betracht kommen. Denn hiefür zeugt nicht allein der schon festgestellte Umstand, dass die Handschrift in Pavia geschrieben ist, sondern auch (immer mit Ausnahme der Hand 3) die völlige Übereinstimmung der in den Glossen auftretenden Citirformen mit den in Pavia gebräuchlichen. Ferner die Gl. 11 (Hand 1[a]), worin sich in einer verdeutlichenden Formel die aus den Papienser Formeln so überaus bekannten schematischen Namen Martinus und Petrus finden. Überdies ist der hier vorkommende Ausdruck „erogator" im Sinn des Erben oder Testamentsvollstreckers der langobardischen Rechtssprache entnommen.[*] Auch der in der Expositio zum Liber Papiensis ständige Ausdruck „rumpitur" für die Aufhebung eines Gesetzes durch ein anderes kehrt in unseren Glossen wieder; denn anders wird sich das R in Gl. 21a, 28, 50, 51 nicht deuten lassen. Auf eine merkwürdige Übereinstimmung der Gl. 51 (Hand 1[a]) mit einer Glosse in der Pariser Handschrift der Walcausina ist bereits oben (S. 59) aufmerksam gemacht worden. Und völlig entscheidend kommt noch hinzu, dass in Gl. 55 (Hand 1[a]) ein Capitel der langobardischen Gesetze citirt wird.

Nicht minder sind aber beweiskräftig sehr nahe Beziehungen der Glossen zum Julian mit den Institutionenglossen der Kölner Handschrift. Während in der Institutionenglosse 133 zu Inst. III, 26, 2 auf Iul. III, 1 als eine zu beachtende Stelle hingewiesen wird, wird hinwieder in der Gl. 28 (Hand 1[c]) zu Iul. III, 1 entsprechend auf jene Institutionenstelle verwiesen mit der Bemerkung, dass sie

---

*) S. das wegen der Nennung von Pavia in cap. 9 aller Wahrscheinlichkeit nach dort verfasste langobardische Cartularium in cap. 14: — „unde ipse Martinus presbiter te instituit suum erogatorem ad venundandum" rel. (Mon. Germ. hist. Legg. t. IV. p. 598) und Lib. Pap. Pipp. 32. Vgl. auch das von Bluhme verfasste Glossar zu den langobardischen Gesetzen unter „erogator" (ibid. p. 669).

durch diese Stelle der Novellen beseitigt (d. h. hier: gegenstandslos geworden) sei.[b] Sodann kehrt in der Gl. 128 zu Inst. III, 20, 4 die Gl. 29 (Hand 1[a]) zu Iul. III, 1: „actor et reus; creditor et debitor" wörtlich wieder, beide Male um anzudeuten, dass in Rücksicht auf Bürgschaftsverhältnisse actor und creditor, reus und debitor im gesetzlichen Sprachgebrauche gleichwerthig sei. Endlich darf auch der, wiewohl rein äufserliche, Umstand nicht unerwähnt bleiben, dass die von Hand 1[a] herrührenden Glossen 52 und 54 zum Julian in derselben Form, nämlich nach unten spitz zulaufend, und mit gleicher Umrandung geschrieben sind, wie ein sehr grofser Theil der Institutionenglossen.

Eine höchst auffallende Ausnahmeerscheinung bilden aber die Glossen von Hand 3 mit ihrer ganz eigenthümlichen Form der Citate aus dem Codex. Erstens heifst es jedesmal und ganz deutlich „in codico", was nach Conrat, Gesch. des röm. Rechts I. S. 314 auch in dem Cod. Vercellensis (saec. X.) vorkommt, welcher den Julian und die Lex Dei enthält. Sodann wird nicht durch Bezeichnung der Constitution, sondern nur durch Angabe des Buches und Titels citirt, und zwar ist beides mit Zahlen bezeichnet, und der Titel heifst „caput". Diese Citirweise ist der Papienser Schule in jeder Hinsicht vollkommen fremd; sie kommt derjenigen am nächsten, welche sich nach Conrat S. 379 im Decret des Ivo findet. Ohne Zweifel sind daher diese Glossen oder doch jene Citate anderen Ursprunges als die von den übrigen Händen geschriebenen Glossen.[c]

---

[b]) Dieselbe Bemerkung der Gl. 28 in Rücksicht auf Inst. I, 14 dürfte auf einem Irrthum des Urhebers beruhen. Ihm hat wohl der Gedanke an den von einem Vormunde bestellten Bürgen vorgeschwebt.

[c]) Für die Papienser Herkunft der Glossen von Hand 3, soweit sie sachliche Bemerkungen geben, scheint die fast gleichlautende Bemerkung zu sprechen, welche in Gl. 40 (Hand 3) und in einer Glosse des Liber Papiensis zu Karol. M. 1 zu dem Worte „metropolitanus" gemacht wird. (In der letzteren dürfte statt: „ampolis enim" rel. zu lesen sein: „a m̄polis; [*polis*] enim" rel., d. h. „a 'metropolis'; polis

Die Glossen zum Julian sind im Vergleiche zu den Institutionenglossen sehr spärlich und werden im Verlaufe des Rechtsbuches immer spärlicher. Man wird daraus schließen dürfen, dass zu Pavia auf die Vorlesungen über die Novellen wenig Zeit verwendet wurde, und dass das meiste dem Selbststudium der Scholaren überlassen blieb. Auch inhaltlich sind diese Glossen viel unbedeutender als die Glossen zu den Institutionen, und sie dem Gualcausus zuzuschreiben, wird man daher Mangels jedes äußeren Anhaltspunktes Bedenken tragen müssen.[d]

3. Die fingirten Constitutionen.

XXIV. Diese beiden Stücke dürfen nicht ohne weiteres als zusammengehörig und gleichen Ursprunges angesehen werden, wie es von Cramer, ihrem Entdecker, und Klenze, ihrem ersten Herausgeber, und nach ihrem Vorgange bisher allgemein geschehen ist; denn beide sind ja, wie oben (VII.) schon erwähnt, von verschiedenen Händen und zu verschiedener Zeit geschrieben. Und während die zweite einen Anhang der Kölner Institutionenhandschrift selbst auf f. 60, 61 (59, 60) bildet, erscheint die erste als Anhang einer anderen Institutionenhandschrift, deren letztes Blatt der Kölner Handschrift gewissermaßen als Vorsetzblatt — f. 1 — beigefügt ist. Immerhin zeigen beide durch ihre Verbindung mit Institutionenhandschriften von

---

enim" rel.) S. auch die Expositio zu dieser Stelle. Will man, wie es die Handschrift von Vercelli nahe legt, die gedachten Citate dem 10. Jahrh. zuschreiben, so kann die Handschrift, woraus sie in die Kölner Handschrift übergegangen sind, sehr wohl in Pavia mit neuen Glossen bereichert worden sein. Es kommt aber hinzu, dass ein Theil der von mir der Hand 3 zugetheilten Glossen auch von Hand 1[c] herrühren könnte.

d) Ich will beiläufig noch bemerken, dass Glosse 36 aus zwei verschiedenen Stücken zusammengesetzt ist. Das zweite: „Si aliquis" rel. entspricht ganz den Inhaltsangaben der Capitel, welche Haenel, Iul. Epit. p. 3 sqq. herausgegeben hat.

vornherein eine Verwandtschaft insofern, als aus dieser Verbindung sowie aus ihrer gedachten äußerlichen Vereinigung in derselben Handschrift zu schließen ist, dass beide für Lehrzwecke, und zwar näher für einen an die Institutionenvorlesung selbst sich anschließenden Unterricht, bestimmt waren. Im übrigen müssen beide nunmehr gesondert betrachtet werden.

XXV. Die erste — f. 1 — ist von derselben Hand geschrieben wie der Institutionentext, an welchen sie sich als Anhang anschließt, und nach demselben Linienschema: 55 Zeilen von 11—12 Centim. Länge, welche nur links die senkrechte Grenzlinie einhalten, rechts bald länger, bald kürzer sind. Die Tinte ist auf der ersten Seite und bis Z. 43 der zweiten dunkel und gut, in den letzten 12 Zeilen dieser Seite jedoch viel heller, gelblich braun. Die Randbemerkungen sind sämmtlich mit dem Texte gleichzeitig und von derselben Hand geschrieben, und zwar von derjenigen eines geschulten Schreibers. Das erste Wort der fingirten Constitution „Imperator" ist in Uncialschrift ausgeführt; zur Einmalung des fehlenden Anfangsbuchstabens I ist in der ersten und zweiten Zeile Platz gelassen. Auf der ersten Seite des Blattes steht ganz oben am Rande von einer ganz ähnlichen, jedenfalls gleichzeitigen Hand:

> Inditio mutatur occtauo kalđ octobris in unoquoque anno. anni incarnationis domini mutantur octauo kalđ genuarii, id est in natiuitate domini nostri Jhesu Christi.

Da, wie oben (VII. a. E.) gezeigt, die stärksten Gründe für die Annahme sprechen, dass auch diese Institutionenhandschrift aus einer Schreiberschule zu Pavia hervorgegangen ist, so ergibt sich diese Herkunft von selbst auch für die angehängte fingirte Constitution. Eine nähere Prüfung ihres Inhaltes führt aber mit größter Wahrscheinlichkeit, ja, wie mir scheint, sogar mit genügender Sicherheit zu dem weiteren Schlusse, dass sie zu Pavia auch verfasst und gleichfalls ein Werk des Gualcausus ist.

Für die Entstehung zu Pavia zeugt nämlich aufser jener Herkunft der Handschrift der Gebrauch von „placitum“ für Process und von „altercatio“ für die Parteiverhandlung,[a] sowie der Umstand, dass als Quellen dieselben Stücke der Justinianischen Gesetzgebung gebraucht sind, welche auf der Rechtsschule zu Pavia gebräuchlich waren, nämlich Institutionen, Codex und Novellen im Julianischen Auszuge, und dass diese Quellen genau in derselben Weise citirt sind, wie sie von jener Schule citirt zu werden pflegten,[b] wie sie namentlich am Rande der Walcausina citirt sind. Entscheidend scheint mir hier namentlich die stete Einführung der Belegstellen mit „per“, wie sie eben so stetig in jenen Randbemerkungen, nicht minder aber auch in den Glossen zum Liber Papiensis begegnet. Ferner tritt in der Eidesformel am Ende der Constitution zur schematischen Bezeichnung einer Processpartei der der Papienser Schule zu diesem Zwecke so geläufige Name Martinus auf,[c] und endlich schliefst diese Formel in der

---

[a]) Vgl. z. B. die Formeln zu Roth. 232 a. E.: „Sed tota haec altercatio paene nichil valet; debet enim esse ut legitur in Romana lege.“

[b]) Besonders bemerkenswerth ist dabei noch, dass L. 3 C. ad L. Iul. maiest. IX, 8, welche so anfängt: „Si quis alicui maiestatis crimen intenderit“, sowohl am Rande der Constitution wie in einer Glosse zu Rach. 6 citirt wird mit: „Si quis crimen intenderit“. — Nichts eigenthümliches darf darin erblickt werden, dass am Rande der Constitution die Institutionen durch ein Zeichen angedeutet sind, welches dem bei uns üblichen Paragraphenzeichen ähnlich ist und einem langgestreckten S nahe kommt; denn es soll vermuthlich ein I bedeuten. — Klenze, dessen Ausgabe überhaupt sehr mangelhaft ist, hat Cramer's Abschrift hier wohl nicht verstanden. Das Zeichen, welches er durch st., A. oder tt wiedergibt, ist einfach ein quer durchstrichenes n, wegen des Querstriches etwas hoch gezogen und so einem ſt nicht unähnlich. In meiner Ausgabe ist es durch $\overline{N}$ wiedergegeben.

[c]) Das zweite Mal heifst es freilich in der Handschrift Metellus, ohne Zweifel zufolge falscher Auflösung der Sigle M. Merkwürdig ist dabei aber, dass Metellus als schematischer Name in einer Processformel des Brachylogus (IV, 9 §. 4) vorkommt.

nämlichen Weise mit „si Deus“, wie die Eidesformeln in den Processformeln des Liber Papiensis.[d]

Ist damit wohl die Abfassung der Constitution zu Pavia ausreichend beglaubigt, so muss ich zur Glaubhaftmachung auch der Urheberschaft des Gualcausus etwas weiter ausholen.

Prüft man die Constitution mit Vergleichung der am Rande angegebenen Belegstellen, deren Citate in der Handschrift durch Verweisungszeichen und demgemäſs in meiner Ausgabe durch Buchstaben immer den Worten beigesetzt sind, mit denen die Benutzung der Stelle beginnt, so erkennt man leicht, dass sie mosaikartig aus Stellen der Justinianischen Gesetzgebung zusammengesetzt ist, welche bald nur in einem Auszuge, bald völlig wörtlich wiedergegeben sind. Bei der Ausschreibung der in Glosse r bezeichneten längeren Institutionenstelle (Inst. IV, 11 §. 2—5) hat sich der Verfasser so getreulich an seine Quelle gehalten, dass er aus §. 5 sogar die auf §. 1 Inst. eod. verweisenden, im Zusammenhange der Constitution aber völlig sinnlosen Worte: „ut iam dictum est“ mit aufgenommen hat. Unter diesen Umständen lässt sich auch mit Bestimmtheit erkennen, dass die von ihm benutzte Institutionenhandschrift mit der Kölner zu derselben Familie gehörte. Während nämlich in §. 5 Inst. cit. die Ausgabe Krüger's, und zwar ohne Angabe einer Variante, hat: „et alius velit defensionem subire“, steht in der Constitution: „et alius uelit defensionis subire effectionem“ und in der Kölner Handschrift: „et alius uelit defensionis effectum subire“. Ferner hat vorher (in §. 4 Inst. cit.) die Constitution übereinstimmend mit der Kölner Handschrift „recidande“ und „inueniatur“, während die anderen Handschriften nach Krüger's Angaben entweder „invenietur“ oder „invenitur“ oder „veniret“ haben. Zugleich neue gewichtige Zeugnisse für die Papienser Heimat der Constitution.

---

d) S. z. B. die Formeln zu Lud. P. 23, Otton. I. 1—6, Heinr. I. (II.) 2, 3. Nur in den Formeln zu Roth. 361 steht „sic Deus“.

Die Absicht des Verfassers bei seinem Werke war offenbar, in Ansehung des Ganges des Civilprocesses den neuesten Stand der Justinianischen Gesetzgebung aufzuweisen, und zwar in der Form, deren sich Justinian gewissermaſsen selbst hätte bedienen müssen, wenn er in einem zusammenfassenden Gesetze jenen Stand hätte klarstellen wollen. Dabei lag ihm sicherlich nichts ferner als die Erweckung des fälschlichen Glaubens oder auch nur des Anscheins, als handle es sich wirklich um ein Justinianisches Gesetz; im Gegentheil suchte er einer solchen Annahme sorglich durch die genaueste Angabe seiner Quellen vorzubeugen. Sein Zweck war vielmehr, wie gar nicht zweifelhaft sein kann, ein Lehrzweck; denn auf ausgebildete, namentlich praktische Juristen konnte jene Form nicht berechnet sein. Für Zwecke des Unterrichtes aber erklärt sich ihr Gebrauch leicht aus der engen Beziehung der Rechtslehre zu der Rhetorik und damit zu dem dictamen prosaicum, welches einen gerade für den künftigen Juristen besonders wichtigen Zweig der Rhetorik ausmachte.[e] Nach dieser Seite wurde es im 11. Jahrh. als eine der Hauptaufgaben der Rhetorik angesehen, die Schüler in der richtigen Form geistlicher und weltlicher Erlasse zu unterweisen.[f] Ist es da zu wundern, dass ein genialer Rechtslehrer auf den Gedanken kam, einen kurzen Abriss des Justinianisch-römischen Civilprocesses in die Form einer Justinianischen Verordnung zu kleiden, um neben der sachlichen Einführung seinen Schülern zugleich die formgerechte Fassung eines kaiserlichen Gesetzes zu zeigen und sie dabei noch obendrein in allem wesentlichen mit dem

---

e) S. meine Schrift über die Anfänge der Rechtsschule zu Bologna S. 27 fg.

f) S. Honorii Augustoduni libellus de animae exilio et patria, alias de artibus (c. a. 1120) cap. III. (Pez, Thesaur. Anecdot. tom. II. p. I. col. 229): „In una parte huius civitatis (sc. Rhetoricae) praesules ecclesiae decreta componunt, in altera reges et iudices edicta proponunt."

Wortlaute der einschlagenden Vorschriften der Justinianischen Gesetzgebung bekannt zu machen! Der Gedanke war, dünkt mich, vom Standpunkte der damaligen Zeit ein recht glücklicher, und er hat daher auch in der zweiten der fingirten Constitutionen eine, freilich in keiner Weise ebenbürtige, Nachahmung gefunden.

Ein noch viel näher mit unserer ersten fingirten Constitution verwandtes Werk zeigt uns aber auf dem Gebiete des langobardischen Rechtes die Walcausina. Den einzelnen langobardischen Gesetzen sind darin im Stil des Gesetzgebers aus anderen abändernden oder ergänzenden Gesetzen geschöpfte Einschaltungen und Zusätze beigefügt, wie sie gemacht werden müssten, wenn das Gesetz eine dem geltenden Rechte entsprechende Fassung erhalten sollte, und jene anderen Gesetze sind, wie bei unserer fingirten Constitution, am Rande und mit „per" eingeführt genau angegeben. Der neueste Stand des Rechtes sollte also, genau so wie in der Constitution, durch mosaikartige Verbindung der verschiedenen einschlagenden Bestimmungen aufgezeigt werden. Gewiss eine ganz merkwürdige und überraschende Ähnlichkeit, welche von vornherein berechtigt, einen Zusammenhang in Ansehung des Ursprunges zu vermuthen.

Die meisten der gedachten Beisätze in der Walcausina rühren nun aber von Gualcausus her; das kann nach den Versen an der Spitze derselben keinerlei Zweifel unterliegen. Er selbst hat hier freilich nicht, so wie es die fingirte Constitution zeigt, die verschiedenen einschlagenden Gesetzesvorschriften zu einem der Form nach neuen Ganzen verquickt; das lassen die uns überkommenen Handschriften noch jetzt deutlich erkennen. Sondern, und auch darauf deuten jene Verse kenntlich hin, er dictirte ohne Zweifel in seinen Vorlesungen bei der Erklärung der einzelnen Gesetze seinen Schülern die Beisätze gewissermafsen als Glossen, um sie über den gegenwärtigen Stand des langobardischen Rechtes zu belehren. Es handelte sich also hier, wie bei unserer fingirten Constitution, um einen Unterrichtszweck. Erst einer jener Schüler, der „scriba disertus", wie er sich in den gedachten Versen nennt, hat die Beisätze seines Lehrers, vermehrt durch weitere, in den Gesetzestext selbst aufgenommen.[g] Wie kam er aber zu diesem Verfahren? Der Gedanke an die Absicht einer Fälschung scheint mir, ebenso wie derjenige an einen unpassenden Scherz, nach Lage der Sache völlig ausgeschlossen. Ist es da nicht die leichteste und wahrscheinlichste Erklärung, dass ihm ein anderes verwandtes Werk seines Meisters vor Augen stand? Und sollte dieses nicht eben unsere fingirte Constitution gewesen sein?

Nimmt man hinzu, dass derjenige, welcher die fingirte Constitution, obgleich er sie nur als Bruchstück besaſs, der Kölner Institutionenhandschrift beifügte, doch zwischen ihr und der letzteren eine sehr nahe Beziehung angenommen haben muss, so wird die Betrachtung des Gualcausus als des Urhebers der Constitution bereits als sehr wahrscheinlich anerkannt werden müssen.

XXVI. Dazu kommt nun aber noch ein Umstand, welcher wohl die Kraft hat, diese Hypothese zum Rang einer wirklichen geschichtlichen Thatsache zu erheben.

Gualcausus steht bekanntlich in dem übeln Rufe eines Fälschers. Denn zu L. 33 D. de L. Corn. de fals. XLVIII, 10: „Si quis falsis constitutionibus nullo auctore habito utitur, lege Cornelia aqua et igni ei interdicitur", steht in der Accursischen gl. Utitur die Bemerkung: „ut Galgosius Papien[*sis*]". Entsprechend heiſst es in einer Glosse des Hugolinus zu der Stelle: „ut faciebat gualcoxius papiensis et cyprianus florentinus", und Odofredus endlich stellt in einer seiner Vorlesungen den Gualcausus, welchen er freilich Gosianus nennt, als einen nichtswürdigen Papienser Mönch hin, welcher aus Gesetzesfälschungen geradezu ein

---

[g]) S. über dieses alles Boretius in der Praef. ad Lib. Papiens. §. 55, 59 (Mon. Germ. hist. Legg. t. IV. p. LXXVIII. sqq., LXXXIII. sq.).

Gewerbe gemacht und namentlich falsche Constitutionen Justinian's verfertigt habe.[a]

Noch Savigny hielt ihn demnach Anfangs wirklich für einen Fälscher und suchte mehrere von ihm erdichtete Constitutionen im Codex nachzuweisen. Merkel zeigte jedoch in der 2. Ausgabe des Savigny'schen Werkes in einem Anhange zum 4. Bande (S. 568 ff.), und zwar mit Savigny's ausdrücklicher Beistimmung, dass diese Annahme nicht haltbar sei. Jene Nachrichten von den Fälschungen des Gualcausus seien rein sagenhafte und beruhten darauf, dass schon am Anfange des 12. Jahrh. alle Gesetze, denen man aus irgend einem Grunde die Geltung abgesprochen, sprichwörtlich als Leges Gualcosinae bezeichnet worden seien. Letzteres habe aber darin seinen Grund, dass die Walcausische Recension des Liber Papiensis reichhaltiger sei als eine andere, abgekürzte, indem sie auch solche Gesetze enthalte, welche die letztere als ungültig geworden weglasse. So habe leicht die Ansicht entstehen können, ein lediglich in der Walcausischen Sammlung vorkommendes Gesetz, welches nicht mehr in Übung war, sei ein Machwerk des Sammlers.

Nach meiner Meinung war es ganz unmöglich, dass Gualcausus aus diesem Grunde in den Ruf eines Fälschers kam, zumal da, wie Merkel selbst nachweist, der Name einer lex Gualcosina doch nicht immer bloſs den in der abgekürzten Sammlung der langobardischen Gesetze fehlenden beigelegt wurde. Blume (nach Merkel's Mittheilung a. a. O. S. 577 fg.) und Boretius (in der Praef. ad Lib. Papiens. §. 60) haben daher andere Erklärungen versucht.

Nach der Ansicht beider liegt der Grund in den oben erwähnten Zusätzen, welche die Walcausina zu dem Texte der Gesetze enthält, und welche, nachdem sie in den Gesetzestext selbst übergegangen, leicht den Verdacht der Gesetzesfälschung hätten erwecken können. Dieser Ver-

[a]) Vgl. Savigny, Gesch. des röm. Rechts IV. S. 364, 369 fg.

dacht habe aber auf den Gualcausus selbst fallen müssen, weil er wegen der dem Rechtsbuche vorangestellten Hexameter schon von den Glossatoren der Lombarda für den Urheber der Walcausina in ihrer überlieferten Gestalt gehalten worden zu sein scheine.

Auch diese Erklärung kann ich nicht für befriedigend halten. Wie hätte man, wenn es sich bloſs um jene Zusätze handelte, überhaupt ernstlich zur Annahme einer Fälschung kommen sollen? Schlieſsen doch die uns überlieferten Handschriften eine solche Annahme aus, und musste man doch innerhalb der Langobardistenschule des 11. und 12. Jahrh. auch ohne Rücksicht auf die Handschriften den wahren Sachverhalt kennen. Wie hätte man aber ferner, gesetzt dass man dennoch eine Fälschung angenommen, dazu gelangen sollen, auch zweifellos echte Gesetze bloſs um deswillen, dass sie durch die spätere Gesetzgebung oder durch Gewohnheitsrecht auſser Geltung gekommen waren, oder gar bloſs darum, dass man sie wegen ihrer Unbilligkeit nicht gelten lassen wollte, als Leges Gualcosinae zu bezeichnen?[b] Und wenn sich die vermeintlichen Fälschungen bloſs auf langobardisches Recht bezogen, wie wäre es zu begreifen, dass noch die jüngsten Glossatoren zu einer Zeit, da in Bologna dieses Recht aufs tiefste verachtet war und daher seine Fälschung kaum als erwähnenswerth gelten konnte, sich veranlasst fanden, den Gualcausus als Fälscher zu nennen, und noch dazu als Fälscher des römischen Rechtes und Justinianischer Constitutionen? Denn wie sagenhaft immer die erwähnten Bemerkungen des Hugolinus und Accursius und namentlich die Kathederschwätzereien des Odofredus erscheinen mögen, jenes bleibt als ihr Kern doch unverkennbar übrig.

Auf alle diese Fragen gibt jene Erklärung keine Antwort. Dagegen erklärt sich alles mit einem Schlage und in der einfachsten Weise, wenn man den Gualcausus als

---

[b]) S. Merkel a. a. O. S. 573.

den Urheber unserer fingirten Constitution betrachtet. Da juristische Lehrmittel dieser Art doch sicher nicht besonders häufig waren und, wenn sie so gelingen sollten, wie man es jener Constitution im ganzen nachrühmen muss, ein ungewöhnliches, auch sprachliches, Geschick erforderten: so begreift sich leicht, dass diese Aufsehen erregte, und dass der akademische Witz im Hinblick auf sie alles, was die Form, aber aus irgend einem Grunde nicht die Geltung eines Gesetzes hatte, ohne jeden Gedanken an Fälschung als Lex Gualcosina bezeichnete. Nicht minder begreift sich, dass die älteren Glossatoren bei Erläuterung der L. 33 D. cit. (ob. S. 70) sich die Gelegenheit nicht entgehen liefsen, des berühmten Gualcausus als eines Juristen, welcher gegen dieses Gesetz verstofsen habe, zu gedenken, sei es scherzhaft, sei es um anzudeuten, dass selbst der Gebrauch dieser Form als Unterrichtsmittel gesetzwidrig und im Grunde strafbar sei. Eine solche Übung, stetig fortgesetzt, konnte und musste aber bei den späteren Bolognesern, welche von der Litteratur des 11. Jahrh., noch dazu von der nichtbolognesischen, gewiss kaum mehr etwas unmittelbar benutzten und kannten, den Gualcausus in den Ruf eines wirklichen Fälschers bringen. So erklärt sich schliefslich die sagenhafte Erzählung des Odofredus, worin sich vom wahren Sachverhalte nichts mehr erhalten hat als der, überdies verderbte, Name des Gualcausus und die Thatsache seiner Urheberschaft erdichteter Justinianischer Constitutionen.

Eine schon aus anderen Gründen wahrscheinliche Annahme, wodurch ein bisher unlösbares Räthsel so einfach und so nach allen Seiten vollständig gelöst wird, darf, scheint mir, den Anspruch machen, bis zur Beibringung zwingender Gegengründe als geschichtliche Thatsache behandelt zu werden. War aber Gualcausus der Verfasser der Constitution, so wird man weiter vermuthen dürfen, dass er sie früher verfasst habe als die verwandten Beisätze zu den langobardischen Gesetzen, schon wegen des ungleich gröſseren Umfanges und der ungleich gröſseren Schwierigkeit des letzteren Werkes. Da nun aller Grund zu der Annahme besteht, dass diese Beisätze vor 1037 vorhanden waren (s. ob. XIV. c), so muss der Constitution ein mindestens gleich hohes Alter zugeschrieben werden, und hiefür wird die Beleuchtung der zweiten fingirten Constitution noch einen weiteren unterstützenden Grund ergeben. Man sieht aber von neuem, dass die Lehrthätigkeit des Gualcausus schon einer frühen Zeit des 11. Jahrh. angehört.

XXVII. Die zweite der fingirten Constitutionen ist, wie bereits (ob. VII.) gesagt, um das Ende des dritten Viertels des 12. Jahrh. der Kölner Institutionenhandschrift selbst — f. 60 (59) a, b, f. 61 (60) a — angehängt worden, und zwar vermuthlich von der Hand des Besitzers der Handschrift. Sie ist nach einem anderen Linienschema geschrieben als die Institutionen, und zwar wesentlich nach demselben wie das den letzteren beigefügte erste Blatt der Handschrift: 54 Zeilen von 11—12 Centimeter Länge, welche nur links die senkrechte Grenzlinie einhalten, — ein Beweis, dass ihre Zufügung in unmittelbarem Zusammenhange mit der Beifügung jenes ersten Blattes erfolgte. Die Randbemerkungen sind gleichzeitig mit dem Texte von derselben Hand geschrieben. Der Anfangsbuchstabe der Constitution N ist bloſs durch gröſsere Ausführung ausgezeichnet. Das in der Handschrift häufig auftretende mittelalterliche Paragraphenzeichen ist von Klenze, welcher es nicht verstand, vielfach seltsamerweise durch etc. wiedergegeben.

Dass auch dieses Stück der Handschrift in Pavia geschrieben sei, ist im Hinblick auf diese Herkunft ihrer übrigen Stücke von vornherein wahrscheinlich. Bei Besprechung des der fingirten Constitution angehängten kleinen Stückes wird sich aber dafür noch ein besonderer Beweisgrund ergeben. (S. unt. XXX.) Die Hauptfrage ist natürlich auch hier diejenige nach dem Orte und der Zeit der Entstehung des Werkes.

Bevor aber diese Frage erörtert werden kann, muss zuerst von seinem Charakter die Rede sein. Es gibt nach einem einleitenden Satze, welcher wörtlich aus Iul. LXXXIX, 1 entnommen ist und mit dem weiteren Inhalte des Werkcs im Grunde nichts weiter zu thun hat, als dass darin von dem libellus accusationis und der responsio des Beklagten die Rede ist, eine grofse Zahl veranschaulichender Beispiele von Klageschriften („libelli accusationum"), woran zum Schlusse (§. 50) nur eine ganz kurze Bemerkung über die Abfassung der Klagebeantwortungsschrift („libellus responsionis") angehängt ist. Bei jenen Klageformeln hat sich, wie die Nachweisungen in meiner Ausgabe zeigen, der Verfasser genau an die Folge und an den Inhalt der Institutionen gehalten, welche von §. 29 an mehrfach am Rande geradezu citirt sind, und zwar blofs mit den Anfangswörtern der Titel, also in der Form, welche in Pavia üblich war. (S. ob. XV., 1.) Dass das Rechtsbuch selbst nirgends genannt wird, liefert den Beweis, dass die Schrift auf ein Publikum berechnet war, welches über die Herkunft der Citate nicht im ungewissen sein konnte. Dieses Publikum lässt sich aber sofort noch bestimmter bezeichnen. Unverkennbar ist nämlich die Schrift in der Absicht verfasst, Scholaren im Anschlusse an eine Vorlesung über die Institutionen die wichtigsten der darin genannten Klagen durch concrete Beispiele näher zu bringen und damit zugleich eine erste Einführung in den Civilprocess zu geben.[a]

[a]) Bethmann-Hollweg, Der german.-roman. Civilprozess im M. A. II. S. 322, 401 Anm. 1 nimmt an, die Formeln seien nicht allein für die Schule, sondern auch für die Praxis bestimmt gewesen. Mag sein, dass der Verfasser mittelbar auch dies Ziel erstrebte; seine nächste und eigentliche Absicht war das aber gewiss nicht. Noch weniger kann ich mich der Ansicht Bethmann-Hollweg's (S. 322) anschliefsen: die Formeln seien ohne Zweifel in der Schule überliefert gewesen und hätten die handwerksmäfsige Anwendung des überlieferten Rechtes in den Gerichten vermittelt; denn eine etwas nähere Vergleichung mit den Institutionen zeigt augenscheinlich, dass sie von einem reinen Theoretiker in engstem Anschlusse an den Wortlaut des Rechtsbuches verfasst

In diesem Inhalte hat unsere Schrift, ebenso wie in der gewählten Form einer fingirten Constitution, mit der ersten fingirten Constitution eine sichtliche Verwandtschaft. Man gewinnt unwillkürlich den Eindruck auch eines äufseren Zusammenhanges. Beachtet man noch, dass, von der Inscription der ersten abgesehen, beide im Grunde mit den gleichen Worten anfangen: so kann man diesen Gedanken gar nicht abweisen. Gleichwohl geht es nicht an, mit Cramer, Klenze und Bethmann-Hollweg beide Schriften ohne weiteres als das Werk eines und desselben Verfassers zu betrachten. Dem steht schon das erwähnte Verhältniss der Stücke in der Handschrift entgegen. Eine nähere Prüfung und Vergleichung des Inhaltes ergibt aber sogar mit Sicherheit, dass beide unmöglich von dem nämlichen Verfasser herrühren können.

Die erste zeigt umfassende Gesetzes- und Sachkenntniss; sie ist mit grofser Gewandtheit und für die damalige Zeit in sehr gutem Latein verfasst. Kurz, sie trägt den Stempel eines sehr tüchtigen Juristen, der zugleich eine nach dem Mafsstabe seines Zeitalters ungewöhnlich hohe allgemeine Bildung besafs. In der anderen dagegen ist von allen diesen Vorzügen nichts zu bemerken. Zuvörderst verliert sie vom zweiten Satze an den in jener ersten Constitution streng durchgeführten Stil des Gesetzgebers ganz aus den Augen, um vollständig in denjenigen des Lehrbuches zu verfallen. Sodann ist die Sprache recht schlecht, nicht selten geradezu barbarisch und hie und da sogar durch ganz grobe grammatikalische Fehler verunstaltet, welche sich nicht überall dem Abschreiber aufbürden lassen. So §. 10: „oportet te eum michi facere oppidum", §. 26: „fructus quę habuisti", §. 37: „quę habet talia coherentias", §. 49: „equo meo crux fregit". Nicht minder mangelhaft ist aber die Rechtskenntniss des Verfassers. Von

---

sind. Oder sollten etwa die Beispiele von dem schädigenden Löwen in §. 49 aus der täglichen Praxis des Mittelalters geschöpft sein?

den Theilen der Justinianischen Gesetzgebung kennt er allem Anscheine nach überhaupt nichts weiter als die Institutionen und den Julian, den letzteren aber offenbar sehr wenig und näher überhaupt blofs die Institutionen. Man kann jedoch nicht sagen, dass er auch nur aus diesen alles gelernt hätte, was daraus zu lernen gewesen wäre. Seine juristische Unsicherheit tritt schon in §. 2 klar zu Tage, wenn er zuerst von „actiones in personis“ (und „in rebus“), dann von „personales actiones“, endlich von „personarum actiones“, immer in gleicher Bedeutung redet. Hernach, wo er sich unmittelbar an den Text der Institutionen halten kann, geht es in dieser Hinsicht etwas besser; aber immerhin begegnen noch Fehler genug, deren sich ein einigermafsen gebildeter Jurist nicht schuldig gemacht haben würde. So spricht er in §. 15 im Fall des §. 1 Inst. de empt. III, 23 („quanti Titius rem aestimaverit, tanti sit empta“) von einer actio aestimati, obgleich hier in den Institutionen ausdrücklich die actio ex empto und die actio ex vendito als die zu gebrauchenden Klagen genannt werden, — ein Missverständniss, ohne Zweifel dadurch veranlasst, dass man aus den Worten des §. 28 Inst. de action. IV, 6: „bonae fidei sunt hae: ex empto vendito, locato conducto, — — communi dividundo, praescriptis verbis, quae de aestimato proponitur“ eine besondere actio aestimati herauslesen kann. Weniger mag ihm verdacht sein, dass er in §. 16 eine actio permutati auftreten lässt, weil Justinian in §. 2 Inst. de empt. die permutatio gemäfs der Ansicht des Proculus für eine „propria species contractus“ erklärt, und weil sich wiederum in §. 28 Inst. de action. IV, 6 die Worte: „et ea quae ex permutatione competit“ auf eine besondere actio permutati deuten lassen. Dagegen ist es schon nach der Darstellung in den Institutionen schwerlich entschuldbar, wenn in §. 39 zufolge der Worte in §. 4 Inst. de action. IV, 6: „inventa est a praetore actio, in qua dicit is qui possessionem amisit, eam rem se usu cepisse et ita vindicat suam esse“ die

Publiciana actio nach den ihr zugetheilten Formeln einfach als Eigenthumsklage mit Berufung auf Usucapion erscheint. Ganz unjuristisch und vom Standpunkte des Juristen höchst lächerlich ist aber vollends die sehr häufige Begründung: „quos oportet te dare michi, debes enim“ oder zur Abwechslung: „quos debes dare michi, oportet enim“ oder endlich gar „quos debes reddere michi, debes enim“.

Es lieſse sich dergleichen noch manches beibringen; doch ist das gebotene sicher genügend, um ohne Gefahr eines Widerspruches das Urtheil zu begründen, dass der Verfasser des Stückes kein eigentlicher Jurist, am wenigsten ein Rechtslehrer an einer wirklichen Rechtsschule wie Pavia gewesen sein kann. Wenn er nun dennoch eine solche Schrift zu Unterrichtszwecken und offenbar als Hülfsmittel bei eigenen Lehrvorträgen verfasst hat, so bleibt nichts übrig, als in ihm einen Lehrer an einer Schule der liberales artes, die nicht zugleich Rechtsschule war, zu erblicken, welcher in Verbindung mit dem Unterrichte in seinem eigentlichen Fache, der Rhetorik, die dabei übliche elementare Unterweisung in der Rechtskunde ertheilte. Und dazu passt nun auch der ganze Charakter seines Werkes vortrefflich. Den nicht juristisch durchgebildeten Schulmann und Rhetoriker verrathen namentlich die überaus seltsamen und gewiss von ihm herrührenden Kunstausdrücke: „actio verbi ex stipulatu pure“, „actio verbi ex stipulatu in diem“, „actio verbi sub conditione“, „actio stipulationis facti pure nomine poenae“, womit er, soviel ich sehe, in der bis jetzt bekannten mittelalterlichen Rechtslitteratur ganz allein steht.

XXVIII. Dies festgestellt, wende ich mich zu der Frage nach der Heimat der Schrift.

Hier lässt sich zunächst mit vollster Bestimmtheit sagen, dass sie nicht in Pavia entstanden ist. Denn in §. 23 wird durch die Beispiele: „cum absens eras Papiae“ und „absens eram Papiae“ zweimal ausdrücklich ein Aufenthalt zu Pavia als Zustand der Abwesenheit (von dem Orte, wo der Verfasser lebte und schrieb) bezeichnet.[a] Auf der anderen Seite muss sie aber eben wegen dieser Beispiele und wegen der in §. 17, 18 auftretenden Beispiele der Miethe eines Pferdes um geringen Preis (10 und 20 Denare) zum Ritte nach Mailand an einem Orte nicht weit von diesen beiden Städten verfasst sein, welcher mit beiden in starkem Verkehr stand.

Ferner zeigt das Werk, soweit es wirklich juristische Einflüsse erkennen lässt, überall die unbedingteste geistige Abhängigkeit von der Papienser Jurisprudenz. Die — von den echt römischen zum Theil stark abweichenden — Benennungen der Klagen, wie z. B. actio mutui, a. pignoris, a. stipulationis, a. permutati, a. emphyteusis, a. societatis, a. rei furatae, a. damni iniuriae u. dgl., entsprechen, soweit man sie nicht, wie die ob. XXVII. a. E. genannten, für eigene Erzeugnisse des Verfassers halten muss, theils wörtlich, theils ihrer Art nach durchaus dem Sprachgebrauche der Papienser Schule.[b] Ganz gleich ist ferner, wie

---

a) Wenn in diesen Beispielen Bethmann-Hollweg, Der germanisch-romanische Civilprozess im MA. II. S. 321 und ihm folgend Conrat im Arch. giurid. XXXIV. p. 125 gerade umgekehrt Pavia als den Heimatsort genannt finden, so ist das doch wohl mit dem klaren Wortlaute und den Regeln der lateinischen Sprache unvereinbar.

b) S. „actio mutui“: Gl. zu Liutpr. 16, „ipothece uel pignoris actio“: Kölner Institutionenglosse 171, „accio danni“: Gl. zu Roth. 147. Ferner „a. nudae possessionis“: Gl. zu Roth. 228, „a. possessionis de re mobili vel inmobili“: Gl. zu Roth. 362, „a. falsi criminalis“: Gl. zu Roth. 242, „plagium et eius actio“: Gl. zu Liutpr. 47. S. auch „actio vi bonorum raptorum quae 'de scacho' dicitur et 'tulti malo ordine' dicitur“, „a. dampni“, „a. nudae possessionis“ sowie die Behandlung der permutatio als besonderen Contractes in der schematischen Übersicht des Inhaltes des langobardischen Edictes aus der Londoner, Florentiner und Wiener Handschrift des Liber Papiensis (Mon. Germ. hist. Legg. t. IV. p. LVI. sq.). Endlich „actio proprietatis“ in der Kölner Institutionenglosse 86. Nicht unerwähnt soll bleiben, dass in der im 10. Jahrh. geschriebenen Turiner Institutionenglosse 455 der dem Ausdrucke „actio rei furatae“ verwandte Ausdruck „actio furtiva“ vorkommt. S. Krüger's Ausgabe in der Zeitschr. f. Rechtsgesch. VII. S. 77.

schon erwähnt (ob. S. 75), die Citirform. Sodann wird in §. 31 genau in derselben Weise zwischen der gewaltsamen Aneignung unbeweglicher Sachen als invasio und der gewaltsamen Aneignung beweglicher Sachen unterschieden, wie es im Hinblick auf Pipp. 23 von der Papienser Schule geschah.[c] Auch sonst ist der Sprachgebrauch ganz der gleiche, wie in den Erzeugnissen jener Schule. So findet sich namentlich in §. 34 für klagen neben dem römischen aus Julian's Novellenauszuge stammenden Ausdruck „accusare" auch derjenige der Langobardisten: „appellare", und in einer Formel zu Otton. I. 3: — — „de terra, quae iacet in tali loco, quae — habet coherentias tales" kehrt die Ausdrucksweise des §. 37: „dico terram, quae est in tali loco, quae habet talia coherentias" nahezu wörtlich wieder.[d]

Um das alles und noch manches ähnliche zu erklären, wird man anzunehmen haben, dass der Verfasser unserer fingirten Constitution, unweit Pavia geboren und erzogen, auf der dortigen Schule eine Zeit lang studirt, dabei auch eine Institutionenvorlesung gehört und sich hiedurch ein freilich sehr bescheidenes Maſs von Rechtskunde verschafft hat.

Dafür zeugen aber auch noch positiv die folgenden Umstände. In §. 28 der fingirten Constitution wird zur Rückforderung einer irrthümlich gezahlten Geldsumme eine Formel gegeben, worin es (wegen der Worte: „et ideo condictione tenetur" in §. 6 Inst. de obl. quasi ex contr. III, 27) heiſst: „quos condicendo oportet te reddere michi", und in §. 30 findet sich in der Formel der „actio rei furatae" (im Hinblick auf §. 19 Inst. de obl. quae ex del. IV, 1) entsprechend der folgende Satz: „nunc igitur

---

c) S. schematische Übersicht zu Pipp. 23: „Rerum aliae tolluntur, ut mobilia aurum argentum multaque, aliae invaduntur, ut terra vel domus" und Gl. zu Lud. P. 35 ablatis] „id est invasis de immobili, tultis de mobili".

d) Ebenso überall in dem langobardischen Cartularium. S. z. B. cap. 2, 3, 5, 7, 12, 13, 14, 15.

quaero, uel equum, si habes, michi restituas, uel, si non habes, condicendo alium similem tribuas". Man sieht, der Verfasser ging von der Annahme aus, „condicendo reddere" oder „tribuere" heiſse, statt des empfangenen oder genommenen etwas anderes gleichwerthiges zurückerstatten. Wie klar das wieder seinen Mangel an wirklicher Rechtskenntniss beweist, braucht keiner Bemerkung. Die Frage ist aber: woher konnte ein solches seltsames Missverständniss stammen? Ich habe bisher nichts gefunden, wodurch es erklärlich erscheinen könnte, als die Kölner Institutionenglosse 39, wo zu „condici" in dem Satze des §. 26 Inst. de rer. div. II, 1: „nam extinctae res licet vindicari non possint, condici tamen a furibus et a quibusdam aliis possessoribus possunt" bemerkt ist: „id est re pro re".

Ferner tritt in §. 40 für den Fall des §. 6 Inst. de action. IV, 6 die folgende merkwürdige Formel auf: „Dico terram quam sententia presidis nunc possideo (!), olim tibi a debitore meo in fraudem meam traditam esse, et ob id affirmo traditam tibi iure non fuisse, set in bonis illius mei debitoris mansisse". Erinnert das nicht sofort an die Kölner Institutionenglosse 172: „Nota in hoc loco illum unum casum quo possidens actoris partem teneat, breuiter inculcari"? Diese Glosse ist freilich in der Handschrift nicht unmittelbar unserem §. 6 Inst. cit., sondern, und zwar mit Verweisungszeichen, dem Anfangsworte des §. 5: „Rursus" rel. beigesetzt; allein sie muss, soll sie nicht unerklärlich bleiben, auf die beiden Paragraphen zusammen bezogen und auf unseren §. 6 gedeutet werden. Aus obiger Formel der fingirten Constitution erhält sie nun erst ihr volles Verständniss. Man sieht, dass beides, die Formel wie die Glosse, auf der nämlichen unrichtigen Auslegung der Gesetzesworte: „bonis eius a creditoribus ex sententia praesidis possessis" beruht.

Das alles führt unabweislich zu der Vermuthung eines Zusammenhanges zwischen den Institutionenglossen oder vielmehr den Institutionenvorlesungen des Gualcausus und unserer fingirten Constitution, welcher sich im Hinblick auf die Verhältnisse der damaligen Zeit am natürlichsten mittels der Voraussetzung erklärt, dass der Verfasser unserer Schrift zu Pavia die Institutionenvorlesungen des Gualcausus besucht habe.

Diese Annahme empfiehlt sich aber um so mehr, als sie zugleich in der besten und einfachsten Weise den schon erwähnten Zusammenhang unserer fingirten Constitution mit derjenigen des Gualcausus und ihren Inhalt erklärt. Durch dieses Werk seines berühmten Lehrers ist dann der Verfasser zur Abfassung eines ähnlichen Lehrmittels in der nämlichen Form angeregt worden, und das Vorbild für ihn waren in Ansehung des Inhaltes die Papienser Klageformeln, welche ja zu einem großen Theil auch von Gualcausus verfasst waren.

Als die Zeit der Abfassung wäre schon hienach mit Wahrscheinlichkeit die erste Hälfte des 11. Jahrh. zu betrachten.[e]

XXIX. Wir brauchen uns aber diesmal mit solchen bloß annähernden Ergebnissen gar nicht zu begnügen, sondern wir sind durch ein glückliches Zusammentreffen der Thatsachen im Stande, Ort und Zeit der Abfassung noch besser, ja sogar die Person des Verfassers zu bestimmen. Das Mittel bietet wiederum eine Schrift, welche für die juristische Litterärgeschichte des Mittelalters schon so vielfach wichtige Ausbeute geliefert hat, die „Rhetorimachia" Anselm's des Peripatetikers.

---

e) Es scheint kaum beachtet zu sein, dass auch die Accursische Glosse zu dem Institutionentitel De actionibus IV, 6 Formulare für die einzelnen darin erwähnten Klagen aufstellt. So z. B. für die Klage des §. 6 Inst. h. t. das folgende: „Dico ego A contra B, quod debitor meus alienavit et vendidit ei in fraudem bona sua, et quod ego iussus fui ex sententia praesidis possidere bona ipsius debitoris. unde proponendo contra ipsum Paulianam actionem peto possidere illa bona, ac si non essent tradita ipsi B, et bonorum possessionem in me transferendam adiudicari peto." Die flüchtigste Vergleichung zeigt, dass diese Formeln mit denjenigen unserer fingirten Constitution nicht zusammenhängen.

In der Zueignung an den Kaiser Heinrich III. rühmt er sich seiner vorzüglichen Lehrer, namentlich des Philosophen Drogo zu Parma und seines Schülers Sichelmus zu Reggio, welchen er als „liberalium artium peritissimus" bezeichnet mit folgender Beifügung:

> Qui ut pre omnibus in suis rethoricis noster habetur Tullius, sic Iustinianus pre omnibus in imperialibus suis edictis et legalibus iudiciis; et nec in iudicandis causis potuit esse exiguus, qui in perorandis satis sonat eximius.[a]

Sieht man von dem rhetorischen Aufputz ab, so ergibt sich aus dieser Äufserung sowie aus demjenigen, was Anselm sonst von seinem Lehrer Sichelmus berichtet, zunächst soviel, dass dieser mit seinem Hauptfache, der Rhetorik, auch eine Unterweisung im Rechte verband, und dass er dabei seinen Schülern auch die Form der Abfassung kaiserlicher Gesetze anschaulich machte. Aber damit ist, wie mich dünkt, Anselm's Äufserung doch noch nicht genügend und vollständig erklärt. Seine Worte machen den Eindruck einer viel bestimmteren Anspielung, nämlich der Anspielung auf ein von Sichelmus herrührendes Lehrmittel in der Form eines kaiserlichen Gesetzes, welches sich mit processualischen Dingen, und zwar mit den von den römischen Gesetzen verordneten Klagen („legalia iudicia") befasste; denn auf eine wirkliche richterliche Thätigkeit des Sichelmus kann man die Worte „in legalibus iudiciis" und „in iudicandis causis" im Hinblick auf seinen Beruf und auf den Zusammenhang der Äufserung doch unmöglich beziehen. Das passt aber, wie man sieht, ganz genau auf unsere fingirte Constitution, welche ja in der Form eines „imperiale edictum" die „legalia iudicia", nämlich die in den Institutionen vorkommenden Klagen, und zwar in strengstem Anschlusse an

---

[a]) S. Dümmler, Anselm der Peripatetiker (Halle 1872) S. 17. Vgl. S. 18, 19.

die Gesetzesworte, zur Anschauung bringt. Berücksichtigt man noch, dass Lehrmittel dieses Inhaltes in dieser Form doch gewifs recht selten waren (uns sind von Lehrmitteln solcher Art bisher blofs die beiden fingirten Constitutionen der Kölner Handschrift bekannt): so wird man die Richtigkeit dieser Deutung mit Fug nicht bezweifeln können.

Erblickt man aber in Sichelmus den Verfasser unserer fingirten Constitution, so erhält damit zugleich alles andere, was oben hervorgehoben worden ist, seine einfache und vollständige Erklärung. Zuvörderst erklärt sich die mangelhafte Rechts- und Quellenkenntniss, welche darin zu Tage tritt; denn auch Anselm, der Schüler des Sichelmus, kennt nach seinem Werke von der Justinianischen Gesetzgebung nur die Institutionen und den Julian, und die Rechtskenntnisse, welche er darin kundgibt, sind eines solchen Lehrers würdig, wiewohl die Rechtskunde des letzteren, ohne Zweifel zufolge seiner Studien zu Pavia, sichtlich doch weit gröfser war als diejenige Anselm's. Ferner ist aber auch das Latein unserer Constitution von demjenigen der Rhetorimachia nicht allzu verschieden; es entspricht dem Stil, welchen man von dem Lehrer eines solchen Schülers von vornherein zu erwarten hat. Wollte man es etwa auffallend finden, dass ein berufsmäfsiger Lehrer der Rhetorik an einer immerhin angesehenen Schule der liberales artes so viel schlechter geschrieben haben sollte, als ein Rechtslehrer an einer Rechtsschule: so wäre mit Ficker[b] zu erwiedern, dass damals die Rechtskunde als der wichtigste Zweig weltlicher Gelehrsamkeit und, füge ich hinzu, als die höchste Stufe der weltlichen Bildung galt. Preist doch auch Petrus Damiani, welcher seinerseits den lateinischen Stil beherrschte, an seinen Gegnern, den Ravennatischen Rechtslehrern, nicht zum wenigsten die „faceta urbanitas“, also die Güte und Feinheit der Form.[c]

---

[b]) Forschungen zur Reichs- u. Rechtsgesch. Italiens III. S. 106.

[c]) Vgl. Zeitschr. der Sav.-Stift. für Rechtsgesch. VII. Rom. Abth. Heft 2 S. 53.

Sodann erklären sich von selbst die in der fingirten Constitution auftretenden Beispiele der Miethe eines Pferdes zu einem Ritte nach Mailand und der Abwesenheit von Hause wegen eines Aufenthaltes zu Pavia. Ja sogar das Beispiel in §. 9: „si Iohannis episcopus factus fuisset" lässt sich daraus erklären, dass gleichzeitig mit Sichelm zu Reggio ein „Ioannes scholarum magister", also ein Berufsgenosse Sichelm's, lebte.[d]

Aber auch die aus dem Inhalte unserer Schrift geschöpfte Annahme, dass ihr Verfasser in Pavia studirt habe und dort Schüler des Gualcausus gewesen sei, unterliegt nun gar keiner Schwierigkeit. Denn Sichelmus hatte in seiner Jugend seine hauptsächlichste Ausbildung zu Parma von Drogo erhalten, und da er noch im J. 1068 als Archidiaconus der Kirche zu Reggio ein Grundstück zu Parma von dem dortigen Domcapitel für sich und seine Erben in Pacht nimmt, so darf man schliefsen, dass Parma seine Vaterstadt war.[e] Da ist es denn sehr natürlich, dass er zur Vollendung seiner Studien und namentlich, um das für einen Lehrer der Rhetorik erforderliche Mafs von Rechtskenntniss zu erwerben, auf einige Zeit die berühmte benachbarte Hochschule bezog.

Man sieht, das alles stimmt so glücklich und so vollständig, wenn man die Äufserung Anselm's auf unsere fingirte Constitution bezieht, dass die Anerkennung des Sichelmus als ihres Verfassers gar keinem Bedenken unter-

---

d) Er unterschreibt sich so als Zeuge unter einer Urkunde des Bischofs Vvolmarus zu Reggio v. J. 1063. S. Ughelli Italia sacra. Ed. II. tom. II. col. 282. Wahrscheinlich ist er derselbe, der im J. 1073 zugleich mit Sichelm, aber vor diesem, eine Urkunde als „Ioannes Archipresbyter" unterschreibt. Ebend. col. 284.

e) S. (Mariotti) Memorie e documenti per la storia della Università di Parma nel medioevo. Vol. I. (Parma 1888) p. 37. — Sichelmus unterschreibt sich unter einer Urkunde des Bischofs Gandulphus zu Reggio v. J. 1073 ebenfalls als Archidiaconus, unter einer Urkunde des Bischofs Vvolmarus v. J. 1065 als Praepositus. S. Ughelli It. sac. l. c. col. 284, 281.

liegen kann. Betrachtet man sie aber als ein Werk des Sichelmus, so ergibt sich für sie auch noch eine etwas festere Zeitbestimmung. Denn da die Rhetorimachia Anselm's zwischen 1047 und 1056 verfasst ist,[f] so muss die Constitution um 1050 vorhanden gewesen sein. Das führt aber wieder in Bestätigung früherer Ergebnisse zu den weiteren Rückschlüssen, dass ihr Vorbild, die fingirte Constitution des Gualcausus, desgleichen seine Institutionenglosse, deren Einfluss ja ebenfalls in unserer fingirten Constitution zu beobachten ist, schon erheblich eher vorhanden war, dass also beides einer frühen Zeit des 11. Jahrh. angehört.

XXX. Das der zweiten fingirten Constitution — f. 61 (60) a — angehängte kleine Stück: „Actio mutui" rel. ist von ihr nur durch ein Paragraphenzeichen und den Beginn einer neuen Zeile gesondert. Auch ist es allem Anscheine nach von der nämlichen Hand, wenn auch mit blässerer Tinte als der Schluss der Constitution und in kleinerer Schrift, also wohl nicht ganz gleichzeitig, geschrieben. Die Schrift ist sehr correct und weist keinen einzigen Fehler auf. Das führt auf die Annahme, dass der Schreiber selbst es entweder verfasst oder, wie ich nach dem Inhalte eher glaube, in einer Vorlesung nachgeschrieben hat.

Das Stück ist zuerst von Conrat, Epitome Exactis regibus p. CXXXII nach einer bis auf wenige Kleinigkeiten genauen Abschrift veröffentlicht worden. Klenze hatte den Abdruck unterlassen, weil, wie er (S. 262 Anm. 1) sagt, „diese Zugabe der Hauptsache fremd und ohne eigenen Werth" sei. Auch Conrat fällt darüber ein wenig günstiges Urtheil. Mir hingegen erscheint gerade dieses Stück besonders anziehend; natürlich nicht, weil daraus sachlich viel für uns zu lernen wäre, wohl aber, weil es die Unterrichtsmethode seiner Zeit in höchst interessanter Weise beleuchtet.

---

[f]) S. Dümmler, Anselm d. Perip. S. 10.

Vor allem lässt es erst vollständig erkennen, warum die zweite fingirte Constitution der Kölner Institutionenhandschrift beigesetzt worden ist. Es hat nämlich zu den beiden Werken die engsten Beziehungen. Es geht aus von der im wesentlichen wörtlich wiedergegebenen Formel der „actio mutui“ aus der fingirten Constitution und knüpft daran zur Übung der Schüler Fragen, zu denen die Formel Anlass gibt, und zwar in ganz methodischer Weise vom besonderen zum allgemeineren aufsteigend: ein in der That vortreffliches Mittel, die Rechtskenntniss der Schüler zu befestigen und sie zu wissenschaftlichem Denken anzuregen. Zuerst wird die Frage aufgeworfen, ob die Klage in rem oder in personam sei. Antwort: sie sei in personam, weil sie aus einer obligatio entstehe. Folgt die Frage, welcher Art diese obligatio sei, ob eine civile oder eine prätorische, und ob ex contractu, quasi ex contractu, ex maleficio oder quasi ex maleficio. Antwort: sie sei ex contractu (womit von selbst auch die erste Frage beantwortet ist), denn sie erwachse ex re, jeder contractus aber entstehe entweder re oder verbis oder litteris oder consensu. Nun frage es sich aber, was denn ein contractus sei, und diese Frage wird durch die wörtliche Wiedergabe der Kölner Institutionenglosse 106 beantwortet.

An die Erledigung dieser civilrechtlichen Fragen reihen sich processualische Bemerkungen. Der Darlehensklage könne entweder Leugnen oder eine vom Rechte anerkannte exceptio entgegengesetzt werden. Das Leugnen sei entweder ein vollständiges oder ein nur theilweises. Jedes Leugnen nöthige aber den Kläger zum Beweise, sei es durch Zeugen, sei es durch Urkunde. Wo es an solchen Beweismitteln fehle, werde die Sache entweder kraft einer Übereinkunft der Parteien durch Eid entschieden, oder der Richter lege wegen des ungenügenden Beweises seinerseits nach Befinden den Eid auf.

Das alles ist nach meinem Erachten vom Standpunkte des unterrichtenden Lehrers sehr verständig und verdient volles Lob. Eine Bereicherung der Wissenschaft bot das Stück selbst seiner Zeit allerdings nicht; sie war aber auch sicherlich gar nicht beabsichtigt.

Beachtet man, dass aus dem oben angegebenen Grunde die Entstehung des Stückes nicht wohl einer früheren Zeit zugetheilt werden kann als die Schrift, mithin als etwa dem Beginn des letzten Viertels des 12. Jahrh., so wird man, was den Ort der Entstehung betrifft, kaum an einen anderen denken dürfen als an Pavia. Denn wo sonst sollte damals die Gualcausische Glosse noch zum Unterrichte gebraucht worden sein?

Ist aber das Stück zu Pavia verfasst, so ist es zufolge dem gesagten auch zu Pavia geschrieben. Und daraus folgt dann das gleiche für die zweite fingirte Constitution, weil sie von der nämlichen Hand herrührt. Zugleich aber erhellt das Leben der Papienser Rechtsschule noch gegen Ende des 12. Jahrhunderts.

IV. Die herausgegebenen Stücke selbst.

Bei der Ausgabe befolgte Grundsätze.

Zuvörderst sei in Ansehung des Verfahrens behufs der Herstellung der Ausgabe bemerkt, dass ich zuerst aus der Kölner Handschrift diplomatisch getreue Abschriften genommen habe, mit Beibehaltung auch der Abbreviaturen und der Interpunction. Nach diesen Abschriften wurde sodann der Text für den Abdruck unter Vergleichung der früheren Ausgaben gebildet, wo aber hiebei Bedenken auftauchten, die Handschrift von neuem verglichen. Ich kann daher für die Genauigkeit meiner Ausgabe Gewähr leisten und habe es unter diesen Umständen nicht für nöthig gehalten, die falschen Lesarten früherer Ausgaben zu erwähnen.

Eine Wiedergabe der Handschrift mit allen ihren Fehlern in der jetzt vielfach üblichen Weise schien mir nicht zweckentsprechend. Vielmehr habe ich überall die im Sinne der Verfasser richtige Lesart herzustellen gesucht. Jedoch sind alle Abweichungen von der Handschrift im Texte durch Cursivschrift, Einschaltungen überdies durch eckige Klammern bezeichnet. Eckige Einklammerung nicht cursiv gedruckter Wörter oder Buchstaben soll umgekehrt die Nothwendigkeit ihrer Streichung andeuten. Soweit sich nicht schon hienach die Lesart der Handschrift (C) ergibt, ist sie in den kritischen Anmerkungen angegeben. Wo sich in der Handschrift Correcturen finden, ist die ursprüngliche Fassung durch C^a, die spätere durch C^b bezeichnet. Andere kritische Bemerkungen bedürfen keiner Erklärung.

In Ansehung der Orthographie bin ich der Handschrift gefolgt; dagegen habe ich die Interpunction und die Setzung grofser Anfangsbuchstaben nach eigenem Ermessen vorgenommen. Citate sind in getreuem Anschlusse an die Handschrift gegeben.

In einer zweiten Reihe von Anmerkungen sind die citirten oder wörtlich ausgeschriebenen Stellen aus Gesetzen oder aus Schriften des Alterthums in fettem Drucke, in anderer Weise benutzte Quellen dieser Art in gewöhnlichem Drucke namhaft gemacht; ferner ist auf verwandte Äufserungen in sonstigen mittelalterlichen Schriften hingewiesen.

Was die einzelnen Stücke anlangt, so sind die Institutionenglossen, soweit sie irgend zu lesen waren, vollständig, jedoch mit grundsätzlichem Ausschlusse blofser Wiederholungen von Wörtern des Textes und blofser Varianten sowie mit Auslassung des Zeichens der ancora superior und des Zeichens Phi et Rho, gegeben. Wo sie in der Handschrift durch ein Verweisungszeichen zu bestimmten Wörtern des Textes in Beziehung gesetzt sind, sind diese auch in der Ausgabe genannt; wo Verweisungszeichen fehlen, habe ich die Beziehung nach Mafsgabe des Platzes der Glosse in der Handschrift oder nach dem Sinn vorgenommen. Zur Erleichterung des Citirens sind die Glossen fortlaufend gezählt, diesen Zahlen aber in Klammern auch die abweichenden der Ausgabe Conrat's beigefügt, damit Citate nach dieser auch bei Benutzung meiner Ausgabe verständlich bleiben. In den Glossen wörtlich wiederkehrende Stellen aus der Justinianischen Gesetzgebung sind durch Anführungszeichen kenntlich gemacht. Ein Blick auf die zweite Anmerkungsreihe genügt, um diese Fälle von den anderen, in denen jene Zeichen auftreten, unzweideutig zu unterscheiden. Bei Glossen, welche nicht von Hand 1[a] geschrieben sind, ist die Hand vor der Glosse bezeichnet. Interlinearglossen sind durch (Int.) hinter der Glosse erkennbar gemacht.

Die Glossen zum Julian sind mit der gleichen Beschränkung wie die Institutionenglossen vollständig abgedruckt und gleichfalls fortlaufend gezählt, überhaupt nach gleichen Grundsätzen behandelt. Die Hand ist hier bei jeder Glosse angegeben.

Bei der ersten fingirten Constitution sind die Randbemerkungen der Handschrift mit verweisenden Buchstaben anstatt der Verweisungszeichen der Handschrift unter den Text gesetzt, bei der zweiten sind sie auch in der Ausgabe als Randbemerkungen gegeben. Die erste Constitution habe ich nach dem Vorgange von Bethmann-Hollweg, Der german.-roman. Civilprozess im M. A. II. S. 435 ff., die zweite nach eigenem Ermessen in Paragraphen eingetheilt, deren Zahlen am äuſseren Rande bezeichnet sind.

Gebrauchte Abkürzungen,

soweit sie einer Erklärung bedürfen:

Acc. gl. = Accursische Glosse.
Expos. = Expositio ad Librum Papiensem.
Jur. Schr. = Fitting, Juristische Schriften des früheren Mittelalters (Halle 1876).
Tur. Gl. = Turiner Institutionenglosse.

1.

Die Glossen zu den Institutionen.

f. 2 (1) a.

1. Prooem. pr. *armis decoratam — armatam*] Bene dixit „decoratam armis“ et „armatam legibus“; tantam enim coniunctionem *arma* cum legibus habe[*n*]t, quod armatæ leges et decoratæ armis ius[*te di*]cant[*ur*].

2. Prooem. 7 *toto legitimo — gubernare*] Id est: legum doctrina adiuu[*atur*] iudiciaria congnicio.

f. 2 (1) b.

3 (1). I, 1 pr. *Iustitia est rel.*] Queritur, unde nomen iuris descendat. ius enim a iusti[*ti*]a apellatum est. et diffinitio iuris hec est: ius est ars boni et equi. ut in principio digestorum legitur.

4 (2). I, 2, 1 *Ius autem civile*] „Ius ciuile est quod neque in totum a iure naturali uel gentium recedit nec per omnia ei seruit.“

1—6 Die Glossen 1 und 2 sehr abgerieben, doch im ganzen mit Sicherheit lesbar. 3 armas C. | habet C. | armatas C[b]. 4 iuste dicantur] Nur ius und cant lesbar. 6 adiuuatur] Nur adiuu mit einiger Sicherheit lesbar.

---

1. Vgl. Cod. Haenel. V, 25, fragm. Prag. IV, 1 (Jur. Schr. S. 149, 215), Azo in Summa Inst. ad prooem. nr. 1, 2, Acc. gl. Armis decoratam ad prooem. Inst. princ. **3. L. 1 pr. D. de iust. et iure I, 1. 4. L. 6 pr. D. eod.**

5 (3). I, 2, 2 *Sed ius quidem rel.*] Quibus modis ius dicatur, queritur. ius enim plurimis modis dicitur. ius enim ius naturale dicitur, de quo hic tractat. altero uero modo ius dicitur ius ciuile. nec minus recte ius dicitur ius pretoris, scilicet ius honorarium. alia uero significatione ius dicitur locus in quo ius red[*d*]itur, apellatione collata ab eo quod fit, in eo ubi fit, ut in digestis legitur.

f. 3 (2) a.

6 (4). I, 2, 5 in f. *consuli*] id est interrogari.

7 (5). I, 2, 6 *populus ei*] „ei": hoc est ad laudem.

8 (6). I, 2, 6 *populus — in eum*] „in eum": hoc est ad laborem.

9 (7). I, 2, 6 *irrogavit*] hoc est dedit.

10 (8). I, 2, 12 *vel ad actiones*] „action*es*": a rebus separat*as*. Res quidem sunt ueluti fundus, ager, homo. actiones uero sunt [*c*]ausȩ.

11 (9). I, 4 pr. *Ingenuus — liber est*] Cum quidam [*qui*] non est liber statim ut natus est, sit ingenuus, ut libertinus natalibus restitutus, ut capitulo VI. libri codicis legitur „Aureorum *usus* anulorum", et quidam sit liber cum natus est, qui non est ingenuus, [*ut*] manumissus in uentre matris, cur sic difiniat ingenuum, queritur. soluitur sic: ingenuorum alii sunt natiuitate, ut liberi, alii restitutione natalium, ut liberti natalibus restituti. liber*to*rum alii sunt natura, alii manumissione. hic difinitur ingenuus et libertus natura.

---

4 miunus C[a]. 13, 14 actionē — separatā (= actionem — separatam) C. 15 causȩ] Das c völlig abgerieben. 19 ansus C. 23, 24 liberrorum C.

---

5. **L. 11 D. eod.** **7, 8.** Vgl. Acc. gl. Ei ad h. l. **10.** Vgl. Acc. gl. Actio autem ad pr. Inst. de action. IV, 6: „Item nota, quod illud quod de actione hic dicitur, voluit Pla. dicere de causa, scilicet quod causa sit actio", welche Ansicht Accursius weitläufig widerlegt. **11.** **L. 2 C. de iure aur. anul. VI, 8.**

f. 3 (2) b.

12 (10). I, 3—I, 5.] Hominum

alii sunt liberi — alii serui.

liberi: alii ingenui — alii libertini.

seruorum: alii natiuitate — alii facto.

ingenui: alii nati ex matrimonio — alii non.

facto: alii ex captiuitate — alii ex uendicione ad participandum precium.

ex matrimonio: alii inter liberum et liberam, alii inter liberum et libertam, alii ex matrimonio inter duos libertinos.

qui non ex matrimonio: alii ex libero et libera, alii ex libero et liberta, alii ex seruo et libera, alii ex duobus libertinis.

13 (11). I, 5, 1 *vindicta*] „Agio hunc hominem iure quiricio esse liberum.“

14 (12). I, 5, 2 *semper*] [3]A differentia filiorum dixit „semper manumitti solent a dominis“, quia filii non manumittebantur a patribus, set ab emptoribus quibus pater filios emancipandos uendebat.

f. 4 (3) a.

15 (13). I, 8, 2 in f. *admissum*] id est hoc facinus.

16 (14). I, 9, 1 *Nuptiae — continens*] Argumentum.

1—14 Das Schema steht neben den Titeln I, 4 und I, 5 quer am Rande; es bezieht sich aber auf I, 3—I, 5. 17 Im ursprünglichen Institutionentexte der Handschrift steht „sepe“; darüber hat Hand 3 gesetzt: „al' semper“ und dem entsprechend die Glosse beigefügt. 22 Argumentum] = definitio.

---

13. Vgl. Cod. Bamb. P. I. 11 f. 54 col. II. (Jur. Schr. S. 15), Epit. Exactis regib. II, 15, Glo. Cypriani 25 bei Chiappelli, Glosse d'Irnerio p. 48, Acc. gl. Vindicta ad h. l. **14.** Vgl. Lex Rom. Visig. Lib. Gaii VI, 3.

17 (15). I, 10.] Iniustarum nuptiarum

alie propter agnationem — alie propter afinitatem.

propter agnationem

alie propter legitt[*i*]mam — alie propter naturalem.

propter legittimam

alie propter ascendentem — alie propter descendentem — alie propter uenientem ex latere.

propter naturalem

alie propter ascendentem — alie propter descendentem.

propter affinitatem

alie propter preteritam — alie propter presentem — alie propter futuram.

f. 4 (3) b.

18 (16). I, 10, 6 *Adfinitatis*] Affinitas est regularitas personarum ex nuptiis nobis coniuncta omni carens parentela.

19 (17). I, 10, 12 *ii quos concepit*] Vulgo concepti sunt qui patrem non agnoscunt uel agnoscunt quem eis habere non licet.

20 (18). I, 10, 13 *Aliquando rel.*] [3]Liberorum in potestate constitutorum alii legitimi, alii adoptiui, alii naturales. naturalium alii ab initio, ut legitimi, alii postea, ut hi qui dantur curiis et ut hi cum quorum matre quę antea concubina fuerat, postea dotalia instrumenta facta sunt.

f. 5 (4) a.

21 (19). I, 11, 1 *Adoptio*] VIII. l. c. t. „Adoptio non tabulis, licet per tabellionem conficiendis, set solemni iuris ordine apud presidem solet copulari.“

---

6 descendendem C[a]. 22 VIII. l. c. t. steht über den ersten Wörtern des folgenden.

---

18. Vgl. Azo in Summa Cod. V, 4 nr. 13, Acc. gl. Affinitatis ad h. l., App. I. 23 in f. ad Epit. Exactis reg. (Conrat, Epit. Ex. reg. S. 154). **19.** Vgl. L. 23 D. de statu hom. I, 5. **21. L. 4 C. de adopt. VIII, 47.**

22 (20). I, 11, 1 *imperatoris*] „Adrogationes eorum qui sui iuris sunt, nec in regia urbe nec in prouinciis nisi rescripto principali fieri possunt.“

f. 5 (4) b.

23 (21). I, 12 pr. *hi vero rel.*] VIII. „In emancipationibus liberorum nec non donationibus non tam scriptur*a* quam ueritas considerari solet.“

24 (22). I, 12 pr.] „Non nudo concessu patri[*a*] liberi potestate set actu solemni uel casu liberantur. nec causę, quibus motus pater ma[*n*]cipat filium, sed actus solempnitas queritur.“

25 (23). I, 12, 2 *Relegati*] ut ad tempus.

f. 6 (5) a.

26 (24). I, 16, 3 *qui — subiecti esse*] ueluti si filius familias emancipatus fuerit, est minima capitis diminutio.

27 (25). I, 16, 7 *Cum autem rel.*] quibus autem in testamento respexit.

28. I, 17 *atque*] id est quam.

29 (26). I, 19 in f. *perfectae aetatis*] Hic uideri potest, quod, si legittimę ętatis sint, homines ad tutelam uocari possunt.

f. 7 (6) a.

30. I, 24 pr. *sed hoc non est perpetuum*] Nota.

31 (27). I, 24 pr. *non onerantur*] In constitutione satisdare non debent set in exercione, si plures satisdare tutore[*s*] debent.

---

3 ex rescripto Cod. Iust. 4 VIII. steht über den Anfangswörtern des folgenden. Vgl. Gl. 21. 5 scripturā C. 7 consensu Cod. Iust. 8 solempni C^{b}. 9 macipat C. emancipavit Cod. Iust. | filius C^{a}.

---

22. L. 6 C. eod. 23. L. 2 C. de emanc. VIII, 48. 24. L. 3 C. eod. **25.** Vgl. gl. 103 ad Petri Exc. I, 53, App. Petri I, 18^{a}, 18^{b}, De signif. verb. leg., De verb. quibusd. legal. (s. Jur. Schr. S. 158 in den krit. Noten zu Z. 9—12), Epit. Exactis reg. V, 4.

f. 7 (6) b.

32 (28). I, 24, 4 in f. *sed hi rel.*] Qui uero non habet ius dandi tutores per se, tenebitur hac accione.

33 (29). I, 25 pr. *ut in locum rel.*] id est ita, ut non sint ingrati, ut debeant ammittere hereditatem.

f. 8 (7) b.

34 (30). II, 1 pr. *quaedam enim*] Rerum: alie sunt nullius, alie alicuius. alicuius: alie sunt communes, ut aer et aqua profluens, alie non communes. communes: quędam uniuersitatis, ut theatra, quedam omnium. communes omnium: quedam possessione et iure naturali, ut possessio maris, quedam usu et iure gentium, ut usus riparum uel fluminum. quę sunt nullius: quedam natura, ut fere bestie, quedam casu, ut hereditas antequam adeatur, quedam acto, ut res que religiosis locis dantur.

35 (31). II, 1 pr.]

Rerum

alię sunt diuini iuris, ueluti ędes sacre. — alię humani iuris.

quę sunt humani iuris

alię sunt in bonis alicuius. — alię in nullius bonis sunt, ut hereditas prius quam adeatur, quod in digesti[s] legitur: „Gaius libro II. institutionum: nam res ereditarię, ante quam aliquis heres existat, nullius in bonis sunt".

f. 9 (8) b.

36 (32). II, 1, 15 in f. *deseruerint*] scilicet sua uoluntate, non retentione alterius.

---

9 possessio] possio C^a. 10 quedam] Que C^a. 21 ereditarię] hereditarię C^b.

---

35. L. 1 pr. D. de div. rer. I, 8.

f. 10 (9) a.

37 (33). II, 1, 26 *nam extinctae rel.*]

Bonę fidei possessorum

alii extinguunt rem, ut heredes bonę fidei possessorum. — alii non, ut heredes furum.

38 (34). II, 1, 26 *licet vindicari non possint*] scilicet a bonę fidei possessoribus rem extinguentibus.

39 (35). II, 1, 26 *condici*] id est re pro re.

f. 10 (9) b.

40. II, 1, 32 *ceterum*] 1[b] id est sed. (Int.)

f. 11 (10) a.

41 (36). II, 1, 34 *Apellis*] 1[b] Protogenes Atheniensis fuit, Liui*o* ab urbe condita testante, qui pernimium diligebat Apellem iusta Athena[*s*] stans; Apellis enim solus Alexandri faciebat picturam.

42 (38). II, 1, 34 *nec solvat*] 1[b] scilicet pictor. (Int.)

43 (37). II, 1, 34 *consequens est rel.*] Solutio hec est: hic utilis actio melius petere quam possidere facit.

44 (39). II, 1, 36 in f. *eadem fere*]

a. „fere" dixit, *quod* heredibus *usu*fructuarii nichil restituitur pro inpensis, ad suam enim utilitatem fecit; coloni autem heredibus, quia pro utilitate sua et domini inposuit, ideo aliquid restituitur.

b. „fere" ideo dixit propter colonum cui ad certum tempus locatio datur, quia heredes *ei* succedunt.

11 liuius C. 12 iusta (= iuxta) athena stans C. Die Glosse ist so anzuordnen: Protogenes — testante; Apellis enim — picturam, qui — stans. 18—24 Beide Glossen stehen mit dem gleichen Verweisungszeichen und mit gleicher Umrandung auch in der Handschrift unmittelbar neben einander. 18 quod] qui C. 19 usufructuarii] ususufructuarii C. 21 ei] eis C. Vgl. ob. S. 26.

39. Vgl. Lib. Papiens. Liutpr. 42, 131. S. auch Summar. c. 36 Epit. Iul. bei Haenel, Iul. Epit. p. 209, Petri Exco. III, 2, 4, 11, App. Petri I, 11 (Jur. Schr. S. 156), Expos. §. 3 ad Widon. 5 und Zeitschr. d. Sav.-Stift. VI. Rom. Abth. S. 131 fg. **41.** Vgl. Plinius in Hist. nat. lib. XXXV. c. 10 sect. 36 (85). **44 b.** Vgl. alte Tur. Gl. 88, Acc. gl. De colono ad h. l. in f.

45 (40). II, 1, 40 *Per traditionem rel.*] Loquitur de rebus quę cum uoluntate dominorum adquiruntur. — Nota.

46 (41). II, 1, 40 *ratam*] [1b] id est firmam. (Int.)

f. 11 (10) b.

47 (42). II, 1, 40 *a domino tradita alienatur*] alia causa non interueniente, id est nisi minor sit, uel donacione inofficiosa res suas distribuat; hec enim quamuis uoluntate domini facta sit, non habetur rata, ut in III. l. c. legitur titulo de inofficiosa donacione.

48 (43). II, 1, 48 *lucrandi*] Lucrum est adquisicio aliene rei sine conpensatione nostri; dampnum est ammissio nostri sine conpensatione alterius.

49 (44). II, 1, 48 *nec longe*] Iccirco dixit „longe", quia illa sponte eiciuntur, hec uero non sponte cadunt.

50 (45). II, 2, 2 *quoquo modo*] siue litteris siue uerbis siue consensu siue re.

f. 12 (11) a.

51 (46). II, 3 pr. *via est rel.*] Differentia ab actu in hoc est, quia actus non omnibus datur et ad certum locum datur, uia uero omnibus et non ad locum determinatum.

f. 12 (11) b.

52 (47). II, 4, 2 *quodammodo extinguitur*] „quodammodo" ideo dixit, quia etsi permutentur, remanet tamen substantia.

---

3 Das Zeichen für Nota steht rechts neben der Glosse, verweist aber nicht auf diese, sondern auf die Institutionenstelle selbst. 16 siue re] abgerieben, aber noch erkennbar.

---

47. tit. C. de inoff. donat. III, 29. **48.** Vgl. App. Petri I, 56, 57, Lib. de verb. legal. 62, Excerpt. MS. Bibl. nat. Paris. lat. 4422 (XII. saec.) 33, 34 (Flach, Études crit. p. 138 s.), Tur. Gl. zu III, 24, 3 in f. (saec. XI.) nach Chiappelli in Zeitschr. der Sav.-Stift. XI. Rom. Abth. S. 308, Expos. §. 3 ad Karol. M. 101, Hugon. Distinct. 87 (Savigny, Gesch. des röm. Rechts IV. S. 510). **49.** Vgl. Acc. gl. Nec longe ad h. l.

53 (48). II, 4, 3 *per modum et tempus*]

a. „per modum“, ut bonus pater familias, id est ut substantia sit salua.

b. „et tempus“: per decem et XX. annos.

c. hoc est per modum temporis.

54 (49). II, 5, 4 in f. *in fructu sunt*] quia, in quibuscumque rebus usus potest separari ab usufructu, ea quę sunt in fructu, non sunt in usu.

55. II, 5, 5 in f. *degere*] [*ui*]uere.

f. 13 (12) b.

56 (50). II, 7, 1 *supervixisset*] hoc est si ultra excogitatum tempus superuixisset donator.

57 (51). II, 7, 1 *per omnia fere*] „fere“ dixit propter legatum quod testamento datur, set donatio causa mortis non testamento datur. uel aliter: propter nomina differunt, quod illud legatum et illud donatio uocatur.

58. II, 7, 2 *temere rel.*] Nota.

f. 14 (13) a.

59 (52). II, 7, 2 *et quasdam*] ueluti ea que donantur imperatori aut uenerabilibus locis, uel quę dantur in redemptione captiuorum.

60. II, 7, 2 *sciendum rel.*] Nota.

---

7 sufructu C[a]. 9 ui durch Beschneidung des Blattes weggefallen. 18 uenerabibus C[a].

---

53. Vgl. Acc. gl. Per modum et tempus: „scilicet ut bonus paterfamilias. vel melius: per modum et tempus id est per moderatum tempus scil. X annos inter praesentes, XX inter absentes“. **53b.** Vgl. alte Tur. Glosse 108. **59.** „imperatori“: Iul. XLVI, 2; „in redemptione captiuorum“: L. 36 pr. C. de donat. VIII, 53; „uenerabilibus locis“ widerspricht dem römischen Rechte: L. 19 C. de sacros. eccl. I, 2, L. 34 §. 1a, L. 35 §. 5d C. de donat. VIII, 53. S. aber Brachyl. II, 13, 11 und vgl. Acc. gl. Ad quingentorum ad L. 34 §. 1a C. cit.

f. 14 (13) b.

61 (53). II, 8.] Cum superius sit locutus de rebus que iure ciuili uel naturali adquiruntur, cur hic loquitur de rebus que alienari possunt uel non, queritur. soluitur sic: uidetur enim facere exeptionem regule que [*est*]: „Per tradicionem quoque res nobis adquiruntur; nichil enim tam conueniens est naturali equitati“.

62 (54). II, 9.] Peculium:

aliud castrense, quod filiis per totum conceditur. — aliud quasi castrense, — aliud paganum.

paganum:

aliud profecticium, quod totum patri adquiritur, ut in hoc capitulo legitur. — aliud aduenticium, ueluti quod ex parte matris vel ex materna linea uel ex parte uxoris uenit; quod secundum proprietatem filio et per usufructum patri adquiritur.

f. 15 (14) a.

63 (55). II, 9, 4 *extra duas istas causas*] inc.a ex re et ex operibus suis.

f. 15 (14) b.

64. II, 10, 2 *iure enim honorario*] hoc est pretorum.

65 (56). II, 10, 3 *ut hoc ius tripertitum rel.*] Testes et eorum presentia a iure ciuili; sacrarum constitutionum subscriptiones et testatoris et testium; testium numer*us et* signacula ex edicto pretoris.

f. 16 (15) a.

66. II, 10, 6 *cui bonis interdictum est rel.*] prodicus, infamis.

---

4 que est] que (anstatt que ē) C. 19 tesstes C[a]. 21 tesstatoris et tesstium C[a]. | numerus et] nuīs q; (= numeris que) C.

---

61. §. 40 Inst. de rer. div. II, 1. **62.** Vgl. glo. Libri Pap. ad Roth. 170 (s. ob. S. 33). **64.** Vgl. Gl. 5 und Acc. gl. Honorario ad h. l. **66.** „prodicus“: vgl. alte Tur. Gl. 151 ad h. l. v. cui bonis: „Hoc autem de prodigo intellegendum est, cui iure bonorum suorum administratio interdicta est“; „infamis“: vgl. Acc. gl. Intestabilesque ad h. l.

67 (57). II, 10, 10 *sibi quodammodo testimonia praestare*] Videbatur pater uel frater sibi quodammodo testimonia prestare, quia usufructus ad patrem, ad fratrem hereditas forsan perueniret.

68 (58). II, 10, 11 *quia non iuris (iure C.) successores sunt*]

inc.a Successorum
- alii iure, ut heredes.
- alii non, ut legatarius et fideicomisarius.

f. 16 (15) b.

69 (59). II, 11, 6 *quibusdam quasi castrensia*] ueluti filiisfamilias assessoribus et aliis quibusdam habentibus potestatem.

f. 17 (16) a.

70 (60). II, 12 pr. *propter diversas causas*] hoc est quę obueniunt ex parte matris uel ex materna linea uel ex dote.

71 (61). II, 13 pr. *non constiterit testamentum*] VIIII. „De fide testamenti querenti duplex uia litigandi tributa est."

f. 18 (17) a.

72 (62). II, 13, 7.] Liberorum
- alii poterant pretermitti et possunt.
- alii poterant et non possunt.
- alii non poterant nec possunt.

qui pot[*er*]ant et [*non*] possunt:
- alii rumpunt testamentum agnatione.
- alii quasi agnatione.
- alii querela inofficiosi.

---

17 VIIII. steht über den Anfangswörtern des folgenden. Vgl. Gl. 21, 23. 22 Qui potant et possunt C. 24 Auf f. 18 (17) b stehen zu II, 14, 5 am Rande die Namen der im Gesetzestexte angegebenen Theile des as mit Beifügung ihrer Zeichen.

---

69. Vgl. L. 7 C. de adsessor. I, 51, L. 37 §. 1 C. de inoff. test. III, 28. S. auch alte Tur. Gl. 166. **70.** Vgl. L. 1 pr., 2 C. de bon. matern. VI, 60, L. 1 C. de bon. quae lib. VI, 61. **71. L. 16 C. ad L. Corn. de fals. IX, 22.**

f. 19 (18) a.

73. II, 14, 12 *ignorantia rel.*] [1b]Nota.

74 (63). II, 16 pr.] [1b]Institutionum

alia institutio tantum. alia substitutio.

substitutionum

alia directa. alia fideicommissaria.

directarum

alia uulgaris. alia pu*p*illaris.

f. 19 (18) b.

75 (64). II, 17 pr.] [1b]Testamentorum

aliud irritum. aliud non irritum.

irritorum

aliud non iure factum. aliud ruptum. aliud irritum tantum.

f. 20 (19) a.

76. II, 17, 5 *sed quia sane rel.*] [1b]Nota.

77. II, 17, 8 in f. *licet enim rel.*] [1b]Nota.

f. 20 (19) b.

78 (65). II, 18, 6 *Igitur quartam rel.*] Liberorum alii sunt habentes quartam, alii non. non habentes quartam: quidam minus, quidam nichil habent. qui nichil habent, semper de inoffitioso agere possunt. qui minus habent: quidam ex testamento, quidam non. qui ex testamento, de inofficioso agere non possunt. qui non ex testamento, se[*m*]per possunt. habentes quartam: quidam ex testamento, quidam non. qui non ex testamento: quidam donacione causa mortis, quidam donacione propter nuptias, quidam causa dotis, quidam milicie causa, quibus casibus de inofficioso agere non licet; quidam non milicie causa neque

7 puppillaris C.

78. „qui non ex testamento: quidam" rel.: vgl. L. 29, 30 §. 2, 35 §. 2 C. de inoff. test. III, 28.

donacione propter nuptias neque dotis causa, ueluti inter uiuos donacione facta, in quo casu agere licet de inofficioso.

f. 21 (20) b.

79 (66). II, 20, 2 *per vindicationem rel.*] 1b per uindicationem: cum res aliena legatur; per dampnationem ita: „dampnas esto domum eius reficere"; sinendi modo: cum liberatio debiti legabatur; per preceptionem: cum sua.

80 (67). II, 20, 2 *lucubratione*] uigilia, solennitas.

81 (68). II, 20, 3 *operae pretium*] ministerium.

f. 22 (21) a.

82. II, 20, 4 in f. *quia semper rel.*] 1b? Nota.

83 (69). II, 20, 4 in f. *incumbit*] 1b? scilicet quando actio principaliter deducitur in negatione uel in dubitatione, non quando ponitur exeptio.

84 (70). II, 20, 6 *et eius*] 1b scilicet rei. (Int.)

85 (71). II, 20, 6 *duas lucrativas causas*] inc. b scilicet legatum et donatio.

86 (72). II, 20, 9 *quia usus fructus rel.*] 1b? quia, ueluti ius eundi agendi petitur propria, non accione proprietatis, ita usufructus.

87. II, 20, 10 *quia quod proprium rel.*] 1b Nota.

88 (73). II, 20, 11 *nam plus valet rel.*] 1b? Nota. — Quod relinquitur a testatore, aliquando est testatoris in ueritate et opinione, aliquando in ueritate et non in opinione, aliquando in opinione et non in ueritate, aliquando neque in ueritate neque in opinione.

---

4 alienas C. 13 Am Rande scheint auch scil. rei zu stehen, aber ganz verblasst. 19 Etwas tiefer steht, ohne Zweifel auf den nämlichen Satz der Institutionen verweisend, das Zeichen der ancora superior. S. ob. S. 22. 20 Das Zeichen für Nota steht über dem folgenden und verweist nicht auf dieses, sondern auf die Regel im Gesetzestexte.

---

79. „per uindicationem" rel.: vgl. §. 4 Inst. h. t.; „per dampnationem" rel.: vgl. §. 21 Inst. h. t.; „sinendi modo" rel.: vgl. §. 21 Inst. cit.; „per preceptionem" rel.: vgl. §. 4 Inst. cit. **80.** Vgl. Acc. gl. Lucubratione ad h. l.: „id est vigilatione", App. I. 45 ad Epit. Exactis reg. (Conrat, Ep. Exactis reg. S. 157).

f. 22 (21) b.

89 (74). II, 20, 14 *Ex contrario rel.*] Queritur, quid utilitatis creditor habeat, cum sibi quod ei debetur legatur. hoc scilicet: quia ex mutuo [non] nisi ex stipulatu usura non debetur, ex legato uero, si mora* interuenerit, debetur. [1b]*post litis contestationem.

90 (75). II, 20, 15 *quia plenius est rel.*] quia de dote aliquid retinetur propter utiles sumptus, ex legato non.

91 (76). II, 20, 20 *peculium autem*] [1b]Peculium est substantia personarum in potestate constitutarum.

f. 23 (22) b.

92. II, 20, 29 *Si quid in nomine rel.*] Nota.

93. II, 20, 34 *sed quia incivile rel.*] Nota.

f. 24 (23) a.

94 (77). II, 20, 36 in f. *quae impossibilia*] Hic impossibil*es* condi[c]ti*ones* in dando positę esse uidentur, superius in accipiendo. — Nota.

f. 24 (23) b.

95. II, 22, 3 *item funeris impensa*] Nota.

f. 25 (24) b.

96. II, 23, 7 *magis simplicitas rel.*] Nota.

97 (78). II, 23, 7 *repetere solutum*] scilicet per ignorantiam facti. ignorantia: alia facti, alia iuris. ex igno-

---

5 post litis contestationem] constestationem C^a. Die Bemerkung steht neben der Glosse mit einem Verweisungszeichen zu mora, offenbar zur Erläuterung dieses Begriffes. 12, 13 impossibilis condictio C. 14 Das Zeichen für Nota neben der Glosse verweist nicht auf diese, sondern auf den Gesetzestext. 18 alia iuris] alia über der Zeile.

---

89. „quia ex mutuo" rel.: vgl. L. 3 C. de usur. IV, 32; „ex legato" rel.: vgl. L. 3 pr. D. eod. XXII, 1 vbd. §. 3. Inst. h. t.; „post litis contestationem": vgl. L. 2 D. de usur. XXII, 1. **90.** Vgl. L. un. §. 5e C. de rei uxor. act. V, 13. **91.** Vgl. Petr. Exc. I, 67: „Peculium dicitur substantia personarum in potestate dominorum vel parentum constitutarum." S. auch §. 10 Inst. de action. IV, 6: „quod (sc. peculium) veluti patrimonium est filiorum filiarumque", Brach. IV, 25, 6: „peculium est patrimonium personae in potestate constitutae." **97.** Vgl. L. 6, 7, 10, 11, 13 C. de iur. et facti ign. I, 18.

rantia facti se[*m*]per competit repetitio, nisi causa sit finita transactione. ex ignorantia iuris aliquando competit repeticio, nisi pactum precessit exeptis mulieribus, et in lucrum nunquam datur, nisi obligatio precessit.

f. 26 (25) a.

98 (79). II, 23, 9 *sed et si certa summa*] inc. a Summa breuis complexio multarum rerum.

f. 26 (25) b.

99 (80). II, 24 pr. *a legatario legari non possit*] 1b id est secundum naturam legati. set hoc accepit ex parte fideicommissorum.

f. 27 (26) b.

100 (81). III, 1, 5 *reus perduellionis*] id est reus proditionis patrię, ueluti Tullius dicit.

f. 28 (27) a.

101. III, 1, 11 *et recte; naturalia enim rel.*] 1b Nota.

f. 29 (28) b.

102. III, 2, 3a *simplicitatem legibus amicam*] Nota.

f. 36 (35) a.

103 (82). III, 13 pr. *secundum rel.*] ut pro uigore actionis reus condennetur: in simplum uidelicet uel in duplum uel in triplum uel in quadruplum.

104 (83). III, 13, 1 *legibus constitutae*] ueluti lege XII tabularum et lege Aquilia et cęteris.

---

8 legati] über der Zeile beigefügt. 13 Auf f. 31 (30) b. steht ganz oben am Rande eine völlig erloschene, auf f. 35 (34) a. neben III, 11, 1 *de solido rel.* eine zum Theil weggeschnittene und nicht zu entziffernde Bemerkung. Auf f. 35 (34) b. hat neben III, 12 pr. eine spätere Hand folgenden wegen Wegschneidung einiger Buchstaben nicht mehr verständlichen Leoninus an den Rand geschrieben: . . te ducat amat . . ıc̄ quo taratantara clamat. Eine juristische Glosse ist dies offenbar nicht. 15 sinplum C. 18 tabularum] über der Zeile beigefügt.

---

98. Vgl. die verwandte Definition von Divisio in der alten Tur. Gl. 53. **99.** Vgl. §. 3 Inst. de legat. II, 20, Acc. gl. Non possit ad h. l. **100.** Bei Cicero nicht zu finden. **103.** Vgl. §. 21 Inst. de action. IV, 6.

105 (84). III, 13, 1 *iure civili comprobatae*] ueluti media iuris prudentia.

106 (85). III, 13, 2 *ex contractu*] Est enim contractus, ut in digestis legitur, duorum pluriumue consensus in idem, quo alter alteri obligatur.

f. 36 (35) b.

107 (86). III, 14, 2 *propter maiorem vim*]

a. 1b Maior uis est cui resisti non potest.

b. VIII. „Sicut uim maiorem pignorum creditor prestare necesse non habet, ita dolum et culpam et custodiam exhibere cogitur".

108 (87). III, 14, 4 in f. *quam si praestiterit rel.*] nisi inter creditorem et debitorem conuenerit, ut *ammissio* pignoris liberet debitorem.

109 (88). III, 15 pr. *si certa sit rel.*]

Stipulationum

alia certa, ut in dando, cum necesse non est probare, quid intersit stipulantis.	alia incerta, ut in facto, cui causa difficillime probationis pena adici solet.

110. III, 15, 1 *scilicet rel.*] G.

---

4 idem] idest C^a. 8 VIII. steht über den ersten Wörtern des folgenden. Vgl. Gl. 21, 23, 71. 12 admissio C. 20 G.] Generale?

---

105. S. §. 3a Inst. de legit. agn. succ. III, 2 vbd. L. 2 §. 5—12 D. de orig. iur. I, 2. Vgl. gl. Libri Pap. ad Roth. 153 (s. ob. S. 33), Acc. gl. Postea ad §. 2 Inst. de test. ord. II, 10. **106.** Die Glosse kehrt wörtlich wieder im Anhang zur zweiten fingirten Constitution. S. unt. Nr. 5. Vgl. Lib. de verb. legal. 6: „Contractus est duorum uel plurium in idem consensus"; Excerpt. MS. Bibl. nat. Paris. lat. 4422 (XII. saec.) 13 (Flach, Études crit. p. 137): „Contractus est duorum vel plurium in idem placitum et conventus". Die Grundlage ist überall L. 1 §. 2 D. de pact. II, 14: „est pactio duorum pluriumve in idem placitum et consensus". Vgl. ob. S. 41 fg. **107a.** Vgl. L. 2 D. quod met. c. IV, 2. **107b.** L. 19 C de pignor. VIII, 13.

f. 37 (36) a.

111 (89). III, 16 pr. *Et stipulandi rel.*] Rei stipulandi uel promittendi dicuntur, qui uni eidemque stipulationi seu promissioni inerentes aplicantur.

f. 37 (36) b.

112 (90). III, 17 pr. *in plerisque*] „*in* plerisque" dicit propter reos perduellionis et propter ea quę morte alicui[*u*]s extinguntur, ut usus fructus et nudus usus.

113 (91). III, 17, 3 *Servus communis rel.*] Si seruus comunis non iubentis set alterius domini fecerit mentionem, soli iubenti adquiritur stipulatio, ut legitur in IIII. l. c.

114 (92). III, 18, 1 *de dolo cautio*] veluti si post contractum uenditionis emtor de dolo stipulatus sit iubente iudice.

115 (93). III, 18, 1 *vel de persequendo servo*] ueluti si stipuletur de seruo emto, ut, si fugerit, reddatur uel pretium restituatur.

116 (94). III, 18, 2 *damni infecti*] [1b?] „dampni infecti" id est dampni immissi, ut legitur in topicis.

117 (95). III, 18, 2 *vel legatorum*] ueluti si legatarius stipuletur legatum sibi sub conditione relictum, ut existente conditione solidum soluatur.

118. III, 18, 2 *praetorias — sic exaudiri oportet*] scilicet mens.

119. III, 18, 2 *ut in his contineantur*] de *numero.*

120 (96). III, 18, 3 *quot paene dixerim*] propter contractum qui fit litteris.

---

3 inherentes C[b]. 4 implerisque C. 23 de muro C (sehr undeutlich).

---

112. „propter reos perduellionis": vgl. §. 5 Inst. de hered. quae ab int. III, 1. **113. L. 2 (3) C. per quas personas IV, 27. 114, 115.** Vgl. alte Tur. Gl. 377. S. auch L. 7 §. 3 D. de dolo IV, 3, L. 21 §. 2, 3 D. de aedil. ed. XXI, 1. **116. Cicero in top. IV. (22). 117.** Vgl. alte Tur. Gl. 378. **120.** Vgl. alte Tur. Gl. 382.

f. 38 (37) a.

121 (97). III, 19, 2 *rem sacram*] Sacram dicimus rem, ut „edem sacram et dona quę ritę ad ministerium dei dedicata sunt“, ut in superiori legitur libro.

122 (98). III, 19, 2 *aut religiosam*] Religiosum est, ut dum infert quis mortuum in locum suum.

123 (99). III, 19, 2 *si postea rel.*] ueluti si res quam quis stipulatus est, non promittentis set alterius sit.

124 (100). III, 19, 3 *non obligabitur*] quia uidelicet de absentibus huiusmodi obligatio non iure contrahitur.

125 (101). III, 19, 4 *mandati actionem*] quam actionem tacite lex desingnat ex precedenti alico negotio emersuram.

f. 38 (37) b.

126 (102). III, 19, 6 *filii vero familias rel.*] uidelicet non infantes, et ut eis paternus consensus adhibeatur.

f. 39 (38) a.

127 (103). III, 19, 4 *in dotibus eandem rel.*] „Si sine filiis decessero, spondes michi dare dotem meam?“

f. 39 (38) b.

128. III, 20, 4 *creditori*] actor, reus; [*c*]reditor, debitor.

f. 40 (39) a.

129 (104). III, 22, 3 *Item rel.*] actio prescriptis uerbis quę de estimato preponitur.

130 (105). III, 23 pr. *argumentum*] Argumentum enim est ratio dubię rei faciens finem uel fidem.

2, 3 dedicatę C. 9 apsentibus C[a]. 16 creditor] das c weggeschnitten. 20 ręi C.

---

121. §. 8 **Inst. de rer. div. II, 1.** **122.** S. §. 9 Inst. eod. **125.** Vgl. die Meinung des Martinus in Acc. gl. Mandati ad h. l. **126.** Vgl. Acc. gl. Obligari possunt. ad h. l.: „auctoritate tamen patris interveniente“. **127.** Vgl. alte Tur. Gl. 398, Acc. gl. Existimaverit ad h. l. **128.** Vgl. Glosse 29 zum Julian (s. unt. S. 119). **129.** Vgl. §. 28 Inst. de action. IV, 6. S. ob. S. 33 fg. **130.** Nach **Cic. top. II. (8):** „licet definire argumentum rationem quae rei dubiae faciat fidem“.

f. 40 (39) b.

131 (106). III, 23, 3 *sine dolo et culpa*] „dolum‘: et latam culpam. „culpa“: desidie atque neclegentię.

f. 41 (40) a.

132 (107). III, 24, 1 in f. *sed eo nomine rel.*] Hic sit actio prescriptis uerbis.

f. 42 (41) b.

133. III, 26, 2 *volente te agere cum eo*] ‚Si quis crediderit“.

134 (108). III, 26, 8 *Is qui exsequitur rel.*] ‘Dicente Geminiano, quando mandatum certis finibus concluditur, tunc nullus mandati fines excedere debet.

f. 43 (42) a.

•**135** (109). III, 27, 1 *actiones — negotiorum gestorum*] Actio negotiorum gestorum: domino rei directa. gestori contraria conpetit actio.

136 (110). III, 27, 1 *quod quis impendisset*] necessarię.

f. 43 (42) b.

137. III, 27, 2 *non ex maleficio*] ex malificio. P.

138. III, 27, 3 *communi dividundo iudicio*] actio comuni diuidundo.

139. III, 27, 4 *familiae erciscundae iudicio*] actio familię herciscunde.

140 (111). III, 27, 7 *infitiando*] negando.

f. 44 (43) a.

141. III, 28. *Per quas personas rel.*] Proditum *hoc est* capitulo, ut domino uel patri qualiter quicquid a seruis uel liberis adquiritur eueniat.

1, 2 Es soll wohl heiſsen: dolo et lata culpa. culpa rel. 20, 21 hoc est] sehr undeutlich; anscheinend ha, aber wahrscheinlich h̄ ·ẋ (= hoc est) C.

---

131. „dolum et latam culpam“: vgl. L. 1 §. 1 D. si mensor XI, 6: „lata culpa plane dolo comparabitur“. S. auch L. 226 D. de verb. sign. L, 16: „magna culpa dolus est“. „culpa desidie“ rel: vgl. §. 3 Inst. quib. mod. re contr. obl. III, 14, §. 9 Inst. de societ. III, 25. **133. Iul. III, 1.** **134.** Vgl. App. Petri I, 3 in f.

142 (112). III, 28, 3 *dominis adquirere*] Seruus ex persona tetigit, quod iste tangit.

143. III, 29, 1 *consentaneum enim rel.*] Nota.

f. 45 (44) a.

144. IV, 1, 1 *Furtum est rel.*] Quid est furtum? furtum est contræctatio.

145. IV, 1, 2 *Furtum autem rel.*] Unde dicitur furtum? a furuo.

146. IV, 1, 3 *Furtorum autem genera rel.*] Quot sunt genera furtorum? duo.

147. IV, 1, 3 *manifestus fur est*] Quis est manifestus fur?

f. 45 (44) b.

148. IV, 1, 5 *Poena manifesti rel.*] manifesti quadrupli, nec manifesti dupli.

f. 46 (45) a.

149. IV, 1, 11 *Interdum furti rel.*] Tenetur furti qui non fecit furtum.

150. IV, 1, 11 *in factum (facto C.) actio*] actio in facto.

151 (113). IV, 1, 12 *quia nec ex alia rel.*] Inter patrem et filium, dominum et seruum nulla nascitur actio.

f. 46 (45) b.

152. IV, 1, 15 *furti competere*] actio furti.

153. IV, 1, 16 *sive commodati actionem*] actio comodati.

154. IV, 1, 16 s. fin. *suppositum autem rel.*] inc. c „set emendauit".

---

2 tetigit] tangit C? Vor „tetigit" scheint „domini" weggefallen zu sein. 22, 23 am inneren Rande. — Auf f. 47 (46) a. steht neben IV, 1, 18 *et placet rel.* eine ausradirte zweizeilige Glosse, welche anscheinend so gelautet hat: „si quis fecerit et intellexerit se facere malum, tenetur exinde".

---

154. Inst. IV, 1, 16 v. „sed nostra providentia etiam hoc in decisionibus nostris emendavit."

f. 47 (46) a.

155. IV, 1, 19 *Furti actio rel.*] Actio fur[*ti*] tantum a[*d*] pene [*perse*]cutionem perti[*net*].

156 (114). IV, 2 pr. *tenetur quidem etiam furti*] Quid „etiam“ dixit?

157 (115). IV, 2 pr. *quae actio utilis est*] Utiles ideo hę uocantur actiones, eo quod a pretore descendunt.

f. 48 (47) a.

158 (116). IV, 3, 9 *ideoque constat rel.*] [3] Ic uidetur penalem in eredem actionem non transire.

f. 49 (48) a.

159. IV, 4, 12 *Haec actio*] [1c?] Iniuriarum accio tantum uno anno perdurat; eo tamen tenore, si ille qui eam passus ad animum reuocauerit. nam si accepta iniuria pagato animo quis iniuriam dissimulauerit, statim infirmat accionem.

f. 49 (48) b.

160 (117). IV, 6, pr. *actio autem rel.*] Cuiuscunque generis actio sit, sub hac difinitione tenetur. quod genus difinitionis per argumentum a contrario rem ipsam quę difinitur explicat competenter. est enim actio aut hoc quod in difinitione data percipitur, aut aliud. set aliud non est; necessario igitur istud est.

161 (118). IV, 6, 1 *Omnium actionum — summa divisio*] Queritur, cur ista diuisio actionum summa dicatur. quoniam, si summa est, nichil extra relinquid; set aliquid in ea inuenitur extra relictum, siquidem preter personalem actionem et in rem inuenitur etiam mixta, qualis est fa-

---

1, 2 Das eingeklammerte durch Beschneidung des Blattes weggefallen. 6 desendunt C[a]. 7, 8 Ic uidˀtur p: n · l: m inēđe · ct ∵ on: n̄ transire C. Vgl. Gl. 188 und die neueren Tur. Gl. 71 und 418 bei Savigny, Gesch. des röm. R. im MA. II. S. 435, 470. 15 argumento C[a]. 19 Gl. 161 steht in der Handschrift unter Gl. 162, 163, ohne Zweifel nur aus Rücksichten des Raums.

---

159. Vgl. De act. variet. 7 (Jur. Schr. S. 128 fg.). **161.** Vgl. Acc. gl. Summa ad h. l.

milie *e*rciscunde actio et alie huiusmodi: non igitur summa. set quia ab ipso uidelicet iuris interprete hoc latum est, incuntanter ea credi oportet: ex eo scilicet, quod omnis actio, et si principaliter est in rem, secundario tamen loco inuenitur in personam; quod et reciproce colligi potest.

162 (120). IV, 6, 1 *dare — facere*] „dare", ut ex mutuo; „facere", ut in obligatione uerborum.

163 (119). IV, 6, 1 *aliis quibusdam modis*] „quibusdam": propter comodatum, quia non datur set restituitur.

164 (121). IV, 6, 1 in f. *nam si Titius rel.*] In rem actio non contra uenditorem set contra possidentem competit.

f. 50 (49) a.

165 (122, 123). IV, 6, 2 *eundi agendi*] „eundi": homini; „agendi": iumentum uel ueiculum.

166 (125). IV, 6, 2 *item praediorum urbanorum invicem*] „Diuisionem prediorum uicem emptionis optinere placuit."

167 (124). IV, 6, 2 s. fin. *nam in his*] scilicet corporalibus.

168 (126). IV, 6, 3 *si quae sunt similes*] Similes sunt, ut in „Rusticorum prediorum" capitulo legitur, sicuti ius pascendi, calcis coquende, arene fodiende.

169 (127). IV, 6, 3 *ecce plerumque*] quia non semper.

170 (128). IV, 6, 5 et 6 *Rursus rel.*] Nota in hoc loco illum unum casum quo possidens actoris partem teneat, breuiter inculcari.

f. 50 (49) b.

171 (129). IV, 6, 7 *hypothecaria*] Ipothece uel pignoris actio in rem est, c. testante capitul*o*: „Inteligere debes uincula pignoris durare personali actione submota".

---

1 arciscunde C. 6, 7 dare und facere stehen über der Zeile. 27 actio] probatio C[a]. | capĭu (= capitulum) C.

---

166. L. 1 C. comm. utr. iud. III, 38. 167. Vgl. Acc. gl. In his ad h. l. **168. §. 2 Inst. de servit. II, 3. 169.** Vgl. Acc. gl. Plerumque ad h. l. **170.** Vgl. zweite fingirte Constitution §. 40 und §. 2 in f. Inst. eod. S. auch ob. S. 81. **171. L. 2 C. de luit. pign. VIII, 30.**

172. IV, 6, 7 *Serviana autem* experitur***] *actione (Int.). ** agit.

173 (130). IV, 6, 7 *utraque hac appellatione*] Actionem creditori ipothecariam, debitori uero pignoraticiam datur.

174 (131). IV, 6, 8 *soluturos se constituerint (soluturum se constituerit C.)*] ut hoc abeat priuilegium, ut fiat semper pro debito constitut*um*, ut semper constituatur quod est debitum.

f. 51 (50) a.

175. IV, 6, 14 *plane odio furum rel.*] Nota.

176 (132). IV, 6, 19 *Vi autem bonorum raptorum actio rel.*] [1c?] Accio de ui bonorum raptorum unius spatio anni durat.

f. 51 (50) b.

177 (133). IV, 6, 27 *Item actio de eo quod metus causa rel.*] [1c?] Accio metus causa unius anni spatio durat.

f. 52 (51) a.

178 (134). IV, 6, 30 *eo compensato*] [inc. d (3?)] „Conpensatio est debiti et crediti inuicem contributio."

f. 53 (52) a.

179. IV, 6, 35 *errorem suum corrigere rel.*] Nota.

f. 54 (53) b.

180 (135). IV, 7, 8 *ei quoque*] hoc est ab eo.

181. IV, 8 pr. *noxae dedere*] titulus.

182. IV, 8, 1 *Noxa — noxia*] Argumentum.

---

2 agit] am inneren Rande. 4 datur] Vgl. Gl. 12 zum Julian. 7 fiat] filat C[a] | constituto C. 19 titulus] ganz verblasst und nicht sicher. 20 Das Verweisungszeichen steht sowohl über noxa als über noxia zur Andeutung, dass jeder der so anfangenden Sätze eine Definition (argumentum) enthalte.

---

174. L. 2 §. 1 C. de const. pec. IV, 18: — — „et non absimilem penitus stipulationi habeat dignitatem (sc. actio pecuniae constitutae), suis tamen naturalibus privilegiis minime defraudata — —, ita tamen, ut hoc ei inhaereat, ut pro debito fiat constitutum — — hoc tantummodo constituatur quod debitum est." **176, 177.** Vgl. De act. variet. 9 (Jur. Schr. S. 129, 166, 175). **178. L. 1 D. de comp. XVI, 2.**

183. IV, 8, 2 *noxae deditione*] traditio in litem.

184. IV, 8, 4 *legibus*] legibus:
veluti furti] „Cum expositum."
damni iniuriae] „Dampni iniurie."
edicto praetoris] edicto pretoris:
iniuriarum] „Generaliter."
vi bonorum raptorum] „Qui res alienas."

f. 55 (54) a.

185 (138). IV, 9 pr. *pauperies autem rel.*] Argumentum.

186 (139). IV, 9, 1 *quod bonum rel.*] hic fit arbitraria actio.

f. 56 (55) b.

187. IV, 13, 5 *per exceptionem rei iudicatae*] exceptio iudicate rei.

188. IV, 13, 11 *experiri*] apellare.

f. 57 (56) b.

189. IV, 15, 1 *aut cum iubet rel.*] [1c?] Actio quoque interdicti quę dicitur unde ui, unius spatio anni finitur. si enim quis de possessione ui deiectus fuerit et anno uno a tali quęrimonia cessauerit, accione sua noscat esse priuatum.

f. 59 (58) a.

190 (140). IV, 18 pr. *in instituendis rel.*] debet namque inscriptionum pagina precedere et fideiussor de exercenda lite adhiberi.

---

1 inlīt C. (sehr undeutlich). 2—8 Die Glossen stehen in der Handschrift mit je besonderen Verweisungszeichen unter einander, sind aber, wie oben im Texte, durch eine verbindende Linie zusammengefasst. 8 alienis C? 14 apelare (·p:l·r:) C[a]. Vgl. Gl. 158.

---

184. „Cum expositum" = **Inst. IV, 1.** „Dampni iniurie" = **Inst. IV, 3.** „Generaliter" = **Inst. IV, 4.** „Qui res alienas" = **Inst. IV, 2.** **189.** Vgl. De act. variet. 8 (Jur. Schr. S. 129). **190. L. 3 pr. C. qui accus. non poss. IX, 1:** „Qui crimen publicum instituere properant, non aliter ad hoc admittantur, nisi prius inscriptionum pagina processerit et fideiussor de exercenda lite adhibitus fuerit."

191 (141). IV, 18, 1 *plerumque*] [1c?] Ideo autem diximus „plerumque“, quia aliquando publice acciones non omnibus dantur, uelut accio de adulterio, quę quamuis marito et propinquis eius detur, non tamen aliis conceditur.

f. 59 (58) b.

192. IV, 18, 3 *vel rem publicam*] ueluti si falsam monetam fecerit; cuius fabricator urendus erit.

193. IV, 18, 5 *cum telo ambulant*] set non eos qui telum *g*erunt causa tuendę salutis, ut Paulus dixit V. Responsorum.

194. IV, 18, 7] [*Querela*] falsi uiuit annis XX, sicut ceterorum f[*ere cri*]minum.

---

1 Links neben der ersten Zeile der Glosse von Hand 1[a] das Zeichen Phi et Rho (s. ob. S. 22). 5—9 Die Glossen 192 und 193 stehen am inneren Rande. 7 eos] eū C[a]. 8 gerunt] ier̄ C. 9 Responsorum] Sententiarum Dig. 10, 11 Die Glosse steht neben IV, 18, 8. Sie ist sehr stark abgerieben und aus dem C. Iust. ergänzt.

---

191. Vgl. De act. variet. 3 (Jur. Schr. S. 128). **192.** Vgl. L. 2 C. de falsa moneta IX, 24. **193. L. 11 §. 2 D. ad L. Iul. de vi publ. XLVIII, 6:** „Paulus lib. V. Sententiarum: Qui telum tutandae (tutendae *Flor.*, tuende *Lect. vulg.*) salutis suae causa gerunt, non videntur hominis occidendi causa portare.“ Vgl. Coll. I, 13, 1: „Qui telum tutandae salutis causa gerit, non videtur“ rel. **194. L. 12 C. ad L. Corn. de fals. IX, 22:** „Querella falsi temporalibus praescriptionibus non excluditur nisi viginti annorum exceptione, sicut cetera quoque fere crimina.“ Vgl. De act. variet. 28 (Jur. Schr. S. 130).

2.

Die Glossen zum Julian.

f. 62 (61) a.

1. I, 1 *certam quandam portionem*] [1a] id est quartam totius substantię.

2. I, 1 *vel lucrum*] [1a] id est donum, legatum siue fideicommissum.

3. I, 1 *legibus non incognitum*] [1b] non plus dodrante.

4. I, 1 *sine frustratione*] [1a] id est sine diminutione. (Int.)

5. I, 1 *reluctandum*] [1b] „Si per publicas.“ „Si dixerit heres.“

6. I, 1 *reluctandum*] [1a] id est contradicendum. (Int.)

7. I, 1 *admonitricem sententiam*] [1a] id est iudicium commendatum.

8. I, 1 *heres moras rel.*] [min.] Spacium.

9. I, 1 *iudicialem calculum*] [min.] Sentenciam.

10. I, 1 *legitimam portionem*] [1a] id est illa portio quam per Falcidiam debet habere; alteram dimittat.

11. I, 1 *sin autem substitutos*] [1a] Substitutus est secundus heres, ut ita: „Martinus sit meus heres (id est erogator). si Martinus non erit heres, tunc Petrus sit meus heres“; isteque est substitutus.

12. I, 1 *ad generalem fideicommissarium*] [1b] Generalis est, cui partem a testatore nominatam, ut trium unciarum uel plurium, ab herede datur.

---

22 datur] Vgl. Institutionenglosse 173.

---

5. Iul. CXIX, 13, 14.

13. I, 1 *qui — honoratus est*] [min.] qui h[*a*]bet onus in hereditate.

14. I, 1 *sed non passim*] [3] id est inordinatim. (Int.)

f. 62 (61) b.

15. I, 2 *faciat inventarium*] [1c] Inuentarium est breuis in quo tota substantia defuncti debet scribi.

16. I, 2 *propter dignitatem*] [1c] honorem, quod episcopus sit aut marchio aut alie honorabiles persone.

f. 63 (62) a.

17. I, 2 *per tormenta servorum*]
[1a] per K.
[3] Nota in codico l. secundo cap̄. LIIII.

18. I, 2 in f. *ab intestato venientibus*] [1c] Ideo dixit „ab intestato", quia in testamento nulla mentio eorum conprehenditur.

f. 63 (62) b.

19. I, 4 *sive privata sit*] [1c? (3?)] id est ab omnibus officiis separata.

20. II, 2 *Si maritus — alienaverit*] [1a] ante secundas nuptias.

21. II, 3 *Si filius intestatus rel.*]
a. [1a] R. per N̄.
b. [1a] filius uel filia ema[*n*]cipatus.

22. II, 3 *In aliam autem*] [1a] per N̄.

23. II, 3 *Quod si testamento*] [1a] GR.

24. II, 4 *conservet*] [1a] si non alienauerit ante secundas nuptias.

---

1 onus in] oñn C. (Im Gesetzestext ist honoratus in honeratus verändert.) 3 Auf f. 62 (61) b. neben I, 1 in f. v. *omnibus quae diximus* eine ganz abgeriebene Bemerkung. 12, 13 conpreenditur C[a]. 19 Rumpitur per Nouellam (Iul. CIX, 2)? 20 In der vorhergehenden Zeile nach den Schlusswörtern von Iul. II, 2, aber vor der von Hand 3 herrührenden Rubrik zu Iul. II, 3 von Hand 1[a] in kleinerer Schrift und mit einem Verweisungszeichen beigefügt. 22 Generale?

---

17. C. de iureiur propt. cal. II, 58 (L. 1). 22. Iul. CIX, 2?

f. 64 (63) a.

25. II, 4 *residuam autem*] [1a] per N̄.

26. II, 4 *usuram autem matri rel.*] [1a] ita ut aliis mutu*ent* et matri terciam centesime persolu*ant*; ipsi similiter soluant in uno quoque anno.

27. III, 1 *qui pecuniam — constituit*] [1a] qui constituit se soluturum pro alio sine stipulatione.

28. III, 1 *adversus ipsum reum principalem*] [1c] Instituti[*onum*] liƀ. „Dari autem potest tutor“ R. ab ista lege; et „Mandatum contraitur“ similiter.

29. III, 1 *creditorem — debitor — reus*] [1a] actor et reus; creditor et de[*bitor*].

30. III, 1 *Sin autem absens — exhibere*] [3] Nota in codico l. III. cap̄. XI.

31. III, 1 *liceat creditori — venire*] [1a] auctoritate presidis.

32. III, 1 *personales actiones exerceat*] [1a] debiti.

f. 64 (63) b.

33. III, 2 *Si quis pecuniam rel.*] [1a] B.

34. III, 2 *caveat creditori*] [3] id est cautionem prestet. (Int.)

35. IV, 2 *dominus autem eum recipiens*] [3] Nota in codico l. I. cap̄. X.

f. 65 (64) a.

36. IV, 6 *legis Falcidiae quantitatem*] [3] id est tertiam portionem. Si aliquis in monasterium introierit, quod filiis relinquere debet.

---

3 mutuet C. | persoluat C. 3, 4 simlliter C[a]. 7, 8 Institutionum liƀ.] steht als besondere Zeile über dem folgenden; das eingeklammerte weggekratzt. 8 R.] rumpitur? 11 debitor] das eingeklammerte weggeschnitten. 17 B] Bene? 18 cautioenem C. 23 portionem si aliquis (ohne Interpunction) C. Vgl. ob. XXIII. d.

---

25. Iul. CIX, 2, 3? 28. Inst. I, 14; III, 26 (§. 2). 29. Vgl. Institutionenglosse 128 (s. ob. S. 109). **30. C. III, 11 de dilat. (L. 1 §. 1). 35. C. I, 12 de his qui ad eccl. (L. 4). 36.** Vgl. Iul. XXXIV, 1.

37. IV, 6 *a monasterio vindicare*] [3]Nota in codico l. Ī. cap̄. III.

38. IV, 8 in f. *archimandritae*] [1b]id est officium summi pastoris. [3]et aliter: qui mult*a* sub se habet monasteria.

f. 65 (64) b.

39. VI, 1 *ut quartam — observantiam*] [3]quando in monasterium intrauit uel intrare debet.

f. 66 (65) a.

40. VI, 2 *metropolitanus non fuerit*] [3]Metropolis id est maior ciu[*i*]tas. hinc metropolitanus dicitur archiepiscopus.

41. VI, 2 *apocrisiarios*] [3]Apocrisarius dicitur [*ab*] apochis: eo quod apocas apportat et reportat.

42. VI, 2 *oeconomos*]

a. [1b]id est uicedominos.

b. [3]Yconomi sunt dispensatores domus.

f. 66 (65) b.

43. VI, 4 in f. *quam — exposuimus*] [2]id est ut quartam partem substantię suę curie prestet.

44. VI, 6 *cum ea degerit*] [2]uel antequam consecrata sit, uel postquam consecrata fuerit.

45. VI, 7 in f. *taxeoticam*]

a. [1c]id est dispensator annone.

b. [2]cancellariorum oficium est. (Int.)

f. 67 (66) a.

46. VII, 1 *Oeconomum*] [1c]id est dispensator ęclesie.

f. 68 (67) a.

47. VII, 5 *ex empto iudicium*] [1b]actio ex empto.

48. VII, 5 *Nam venditorum*] [1b]Nam̄ (B) uenditorum.

---

4 multas C. | monasterias C[a]. 6 monasterio C[a]. 9, 10 dr̄. apochiseo. quod C. Vgl. ob. S. 61. 19 Vgl. ob. VI. a. 21 disspensator C. 23 B] Bene?

---

37. C. I, 3 de episc. et cler. (L. 20). 40. Vgl. Gl. Lib. Papiens. ad Karol. M. 1 v. *metropolitanus:* „Ampolis (?) enim grece, latine ciuitas dicitur". Vgl. ob. XXIII. c. **42, 46.** Vgl. Lib. de verb. leg. 51: „hychonomus uel echonomus gręce, dispensator dicitur latine".

f. 69 (68) b.

49. XV, 6 *Et hi autem qui*] 1[b]....... liceat presidibus si uiderint....... disque.

f. 70 (69) b.

50. XXXIII. *usuram autem*] 1[a] R. per K.

f. 71 (70) a.

51. XXXIV, 4 in f. *ad hereditatem vocentur*] 1[a] R. per K. lo. „Nulli liceat".

f. 80 (79) b.

52. LXIII, 3 s. fin. *in eremodiciis*] 1[a] id est quando unus ex litigatoribus absens fuerit.

f. 98 (97) a.

53. CXI, 2 *religiosas domos in hac imperiali civitate*] [min.] ciuitate.

f. 101 (100) b.

54. CXV, 14 *de suo clero*] 1[a] „de clero": hoc est congregatio [*g*] clericorum.

f. 106 (105) b.

55. CXXI. *aut per semet ipsos*] 1[a] i. huic e. K. „Laicorum". f. v.

1, 2 Alles andere vollständig abgerieben. 3 Rumpitur per kapitulum? 4, 5 Rumpitur per kapitulum loci „Nulli liceat"? Vgl. Facsimile b des C. Veronensis nunc Parisiensis Gianfilippi hinter Mon. Germ. hist. Legg. t. IV. p. XXXIV. 12, 13 iunge huic e kapitulari „Laicorum" sectione quinta?

---

51. Iul. CVIII, 9? **55.** Lib. Papiens. **Otton. I. c. 8:** „Laicorum vero nullum prêter comites in solis aecclesiasticis rebus advocatorem habere ullum permittimus."

3.

Die erste fingirte Constitution.

f. 1a
v. 19.

[*I*]mperator Iustinianus omnibus sub romano inperio

1. degentibus. Notum sit uobis, patres conscripti, me uelle imperiali eternitate precip*e*re, quod uos quo*que* adfirmatis, [a] fore in uno quoque romano placito apparitor*em*[a] *et* acceptorem[b] litis, actorem quoque et reum, et duos patronos uel plures causarum, et eum qui ius sit dicturus, et exsecutorem: ita ut inprimis apparitor faciat reum ad eum appar*e*re qui ius dicturus sit; deinde acceptor litium uideat, quę placita alterca[*t*]orum sint digna accipi, quęue sperni; post patroni causarum reum actoremque defendant; deinde ille qui ius sit dicturus, audita altercatione alterutriusque contr*o*uersia preuisa legibus[c] aut constitutionibus aut mori-

[a] Apparitor est *per* quem ad effectum suas iussiones perducit preses.

[b] id est introductorem litis. per N̄ „Sanccimus, ut in prouocationibus“.

[c] per *īst* „Superest, ut de officio“.

3 precipire C. | quoquo C. 4 apparitorem et] apparitorīē C[a], apparitorē C[b]. 8 apparare C. 9 altͭorum C[a], altͨͣorum C[b]. 12 contrauersia C. 13 per] p. C. 15 id est] ·i· steht in der Handschrift über acceptorem, das übrige am Rande. 17 n mit Querstrich (statt ıſt) C.

1. apparitor — dicturus sit: vgl. Ulp. de ed. (ed. Haenel.) p. 5: „Sunt autem apparitores qui apparere faciunt litigantes coram iudice“; Glosse des Cod. Darmst. 2000 (saec. XI./XII.) zu L. 25 §. 3. C. de episc. I, 3 v. apparitores: „id est qui facient homines aparere ad

a Vgl. Lib. de verb. leg. 38. b Iul. CX, 4. c Inst. IV, 17 (pr.).

bus. consentaneum calculum in scriptis proferat, si lis[d] fuerit ultra tricentos solidos, alioquin non scribitur aliquando; et ut tunc iudiciali sententia prolata et, si prouocata fuerit, purgata exsecutor rem ad effectum perducat. Personis ita se, ut diximus, habentibus querente actore reus ad eum uocetur per apparitorem, qui ius dicturus sit,[e] quia reus semper omnibus modis in eo loco[f] pulsatur, ubi aliquid egerit uel *ad*miserit, et amoneatur[g] a iudice reus de querela actoris, et libellus reo detur supscriptus[h] per manum *actoris* uel per tabularium monumentis interuenientibus et fideiussore ab actore prestito. qui fideiussor promittat, quod actor obseruauerit in iudic*i*o, si reus contradixerit suę querelę, et exercuerit suas acciones, sin[i] autem non exercuerit, quod actor pęne[i] nomine prestaturus sit certos aureos calumpniam passo et quicquid a reo in inpensis frustra factis prestitum fuerit, ab actore *resarciatur,* ita ut sacramento rei sit moderatum, postquam[k] uero exercuerit suas actiones, si iniuste mote fuerint, erit actor soluturus reo decimam partem quantitatis quam 2.

[d] per $\overline{\text{N}}$ „Iudices“.
[e] per ꞩ „Omnium autem actionum“.
[f] per $\overline{\text{N}}$ „Hec constitutio iubet“.
[g] per $\overline{\text{N}}$ „Si quis ex sententia“.
[h] per $\overline{\text{N}}$ „Si iudex aliquem teneri“.
[i] per $\overline{\text{N}}$ „Si quis ex diuina iussione“.
[k] per eandem legem „Si iudex“.

3, 4 prouocata] vgl. Petri Exce. IV, 1, 11. 8 ãmiserit C. 10 actotoris C. 10, 11 interueniuenientibus C[a]. 12 iudiceo C. 14 nomine] nōę C. 16, 17 reserceatur C.

placitum“ (s. Conrat, Gesch. des röm. Rechts I. S. 181 Anm. 5); Epit. Exact. reg. I, 62: „Apparitores sunt qui partes citant et apparere faciunt in iudicio“. — iudiciali sententia — perducat: vgl. L. 8 C. de exsec. rei iud. VII, 53; Cod. Paris 4517 (saec. XIII.): „executor est qui rem iudicatam ad effectum perducit“ (s. Conrat, Epit. Exact. reg. S. 19 Anm. zu §. 61).

d Iul. LXXVI, 5. e §. 3 Inst. IV, 16. f Iul. LXIII, 1. g Iul. XLVII, 3. h Iul. CV, 2. i Iul. XLVII, 1. k Iul. CV, 2.

libello inseruerit, si pecuniaria fuerit actio; si uero[l] criminalis, aliquando eius criminis mole feriatur. quod si actor[m] fideiussorem habere non potuerit, iuret se non posse habere, in quo sacramento dicat similiter soluturum passurumue. et insuper[n] faciat actor cautionem et executori litis, quę cautio non excedat quantitatem XXX[*VI*] solidorum, quod intra duos menses contestationem litis aput iudicem facturus sit, alioquin damnum in duplum reo se restituturum, quia non aliter respondebit reus actori nisi cum predicta securitate, qua*m*uis libellum acusationis acceperit.

3. Postquam[o] libellum accusationis cum tanta predicta securitate reus acceperit cum ammonitione iudicis, habet[p] XX dierum spatium, ut liceat uel recusare iudicem uel alium petere uel confiteri quod debet. transactis autem XX diebus si actor uoluerit litem contestari, faciat reus securitatem sportularum[q] litis executori et faciat[r] securitatem pro sua tantum person*a*, quod in iudicio permaneat usque ad terminum litis; uel committitur sue promissioni cum iure iurando, uel nudam promissionem uel satisdationem pro qualitate personę suę dare conpellitur.

4. Sin autem per procuratorem lis uel infertur uel suscipitur, in actoris quidem persona, si non mandatum actis in*sin*uatum est, ‖ *f. 1b.* uel presens dominus litis in iudicio procuratoris

[l] per nonum L. c. „Si quis crimen intend[*er*]it", ut in ip[*s*]um.
[m] per eandem L. „Si iudex".
[n] per N̄ „Non aliter reus actori".
[o] per eandem l. „Si quis ex [*s*]ententia".
[p] per eandem „Si quis ex [*s*]ententia".
[q] per N̄ „Si iudex".
[r] per S „Satisdationum".

5 causionem C[a]. 6 XXX[ta] C. 10 quanuis C. 12 ammonitionem C[a]. 15 auctor C[a]. 17 personā C. 22, 23 insianuatum C. 23 iudicium C[a]. 24 ut in ipsum] ū inipum C.

l L. 3 C. ad L. Iul. mai. IX, 8. m Iul. CV, 2. n Iul. LXXXIX, 1. o Iul. XLVII, 3. p Iul. XLVII, 3. q Iul. CV, 2. r Inst. IV, 11 (§. 2—5).

sui person*am* confirmauerit, ratam rem dominum habiturum satisdationem procurator dare conpellitur, eodem obseruando, exceptis pupillaribus debitis et depositis, et si tutor uel curator uel alię tales personę quę alienarum rerum gubernationem receperunt, litem quibusdam per alium inferunt. sin uero aliquis conuenitur, si quidem presens 5.
procuratorem dare paratus est, potest uel ipse in iudicium uenire et sui procuratoris personam per iudicatum solui satisdationis solennes stipulationes firmare, uel extra iudi[*ci*]um satisdationem exponere per quam ipse sui procuratoris fideiussor exstitit pro omnibus iudicatum solui satisdationis clausulis, ubi et de ipotheca suarum rerum conuenir*e* conpelitur, siue in iudicio *pro*miserit siue extra iudicium cauerit, ut tam ipse quam hęredes sui obligantur; alia insuper cautela uel satisdatione propter personam ipsius exponenda, quod tempore sententię reci*t*ande in iudi[*ci*]o inueniatur, uel, si non uenerit, omnia dabit fideiussor quę condemnationi continentur, nisi fuerit prouocatum. si uero 6.
reus presto ex quacumque causa non fuerit et ali*u*s uelit defensionis subire effectionem, nulla dif*er*entia inter actiones in rem uel personales introducenda potest hoc facere, ita tamen ut satisdationem iudicatum solui pro litis prestet estimatione; nemo enim secundum ueterem regulam, ut iam dictum est, alienę rei sine satisdatione defensor idoneus intelligatur. Et tunc iudex audiat ab utraque parte nego- 7.
tium, ita ut hec litis contestatio sit infra duos menses, postquam libellus accusationis reo datus fuerit. Postquam[a] 8.
uero lis contestata fuerit, si actor negotium suspensum

[a] per $\overline{\text{N}}$ „Si quis per iudicialem amonitionem“.

1 persona· C. 3 debetis C[a]. 6 conuenetur C[a]. 7 uel] über der Zeile. 12 conueniri C. 13 permiserit C. 14 obligatur C[a]. 16 recidande C. 19 causa] casa C[a]. | aliis C. 20 difererentia C. 28 susspensum C[a].

s Iul. CV, 3.

deseruerit, liceat reo repetere ad iudicem apud quem lis contestata est, ut amoneatur actor, ut ueniat in iudicium uel procuratorem legittimum mittat. quod si nec ipse uenerit, nec procuratorem miserit, uocetur per tria edicta, si iudex est ex principali iussione, ut sit spatium triginta dierum inter edictum et edictum. similiter *si* sola sit ammonitio et acto[*r*] post negotium deseruerit. si prepositis his [*e*]dictis actor neque uenerit neque procuratorem legittimum miserit, habet indutias unius anni, et si nondum uenerit, sit licentia iudici et ab una parte reo solo presente litem audire et[t] legibus uel constitutionibus uel moribus consentaneum calculum proferre. si uero intra annum peru[*en*]erit et suas actiones exercere maluerit, non antea eum suscipiat iudex quam inpensas reo prestet, ita tamen ut a iudicio iterum non recedat; alioquin si ho[*c*] fecerit et annus transactus sit, careat actionibus suis. Et sit hoc, si inter laicos fuerit altercatio. si uero inter laicos et clericos de criminali tantum causa, tunc non[u] [ex non] excedat litis *disceptatio* spatium duorum mensium a litis contestatione. Et hec sint, si actor abfuerit.

9. Si uero[v] reus post litem contestatam negotium deseruerit et criminalis fuerit actio, biennii meta concludatur, si uero pecuniaria, triennii fine soluatur, ita ut in semenstri tempore saltem in fine triennii liceat iudici per executorem negotii reum querere eiusque parte fugiente et actore eius absentiam incusante et iudicibus hoc preuidentibus, si per tres uices hoc fuerit subsecutum decem dierum spacio per unumquemque introitum destinato, et nec ita rei pars

t per S „Superest, ut de officio iudicis“.

u per N̄ „Si quis cum clerico litigium“.

v per „Properandum nobis uisum est“.

6 si] sit C. | sit] est C^b. 7 negotio C^a. 12 perūit C. 13 suscipiut C^a. 15 hoc] hon C^a, ho C^b. 18 disectatio C. 19 hec] über der Zeile. | abfuerint C^a. 20 deserūt C^a. 23 trienii C^a. 24 reum] rerum C^a. | fugiente] fugite C^a. 27 destinatum C^a.

t **Inst. IV, 17 (pr.)** u **Iul. LXXVII, 1.** v **L. 13 C. de iudic. III, 1.**

inuenta fuerit et neque per se neque per procuratorem *instructum* peruenerit, tunc quasi eremoditium contrahatur et causa utriusque, cuius sit iustior, uideatur. et si reus absens dig*nu*s fuerit, *con*dennetur et per res eius satis fiat actori, ut iudex prope finem triennii suam sententiam proferat et satisdationem expleat. sin autem intra triennium cessauerit reus, *con*dennetur in sola expensa. Si uero **10.** utraque parte presente lis debet finiri, tunc debet in placito legi statim in ipso litis exordio hęc lex „Nemo iudicum“,[w] et ipse principales personę in *ipso* litis exordio iurent, quod nichil penitus iudicibus aut patrocinii causa ipsis uel alii cuicumque persone pro hac causa quolibet modo dederint uel promiserint aut postea dabunt uel per se uel per interpositam personam, exceptis his quę propriis aduocatis pro patrocinio prestant. et si iurare noluerint, sit ut legitur in lege „Quotienscumque“.[x] et post **11.** iudex[y] iuret se cum ueritate et legum obseruatione iudicium [se] dispositurum, prout potuerit. et post fiat sacra- **12.** mentum actoris de calumnia et rei de instantia simulque de calumnia post nar[*ra*]tionem reique responsionem, ante quam utriusque auocati sacramentum prestent. imprimis quidem actor ita iuret: „Hanc[z] lite[*m*] quam moui Martino, non *ei moui* calumpniandi animo, set extimo me bonam habere causam, nec[a] in tota hac causa gratia

---

[w] In nouella „Nemo iudicum“.
[x] In N̄ „Quotienscumque“.
[y] per t. ł. c. „Rem non nouam“.
[z] *per* le. „Cum et iudices“.
[a] per N̄ „Omnes litigatores“.

---

2 instrum̄ C. | heremoditium C[b]. | contraatur C[a]. 4 diguns C. | cōpdēnetur C. 7 cōpdennetur C. 10 in ipso] inspo C. 20 calumpnia C[b]. 23 ei moui] dimoui C. 25 nobella C[a]. 28 per] Ϛ C. | iudicis C.

---

w Iul. CVI. (in f.). x Iul. CXXII, 1. y L. 14 C. de iudic. III, 1 (pr.—§. 3). z L. 2 C. de iureiur. propter cal. II, 58 (pr.) a Iul. XLIV, 3.

dilationis aut calumpnię aut uexandi aduersarii probationes a *Martino* meo auersario exigam, si Deus.“ post reus ita: „Ego[b] putans bona instantia uti ad contradicendum peruenio, nec causa . . . . . .

---

[b] per [*e*]andem legem.

---

1 dilatationis C^b. 2 Martino] metello C. 3, 4 ad contradicendum] acontradicendo C^a.

---

b L. 2 pr. C. cit.

4.

Die zweite fingirte Constitution.

60 (59) a v. 20.

Notum fieri uolumus, patres conscripti, non ali- 1.
ter reus respondeat actori libellum accusationis mit-
tenti, nisi prius ille cauerit reo atque litis executori,
quod intra duos menses contestationem litis apud
iudicem facturus sit, alioquin dampnum in duplum
reo se resti[*tu*]turum; cautio autem XXXVI solido-
rum quantitatem non excedat. Libelli autem acusa- 2.
tionum fiunt uel de accionibus *in* personis uel de
actionibus in rebus uel de mixtis. set prius de
personalibus actionibus uideamus, post de cęteris. DE RE.
quarum personarum actionum ita fiunt. Mutui qui- actio mutui. 3.
dem sic: P. P. Olim tibi mutuaui X libras argenti
— uel: tria uasa [*uini*] pretii XX solidorum —, loco
quarum debes michi reddere X libras argenti pro
sorte, usurarum gratia X sol. — uel: tria uasa uini
pret*ii* XX solidorum, usurarum gratia tria uini sexta-
ria —; quę opportet te dare michi. cuius rei causa
[gratia] acusando queror aduersus te (et hoc in fine
omnium libellorum dicendum est). Ego P. in hoc

---

8 impersonis C. 12 P. P.] Petrus Paulo? 16 pretium C. 18 gratia] eine in den Text gerathene Variante. | quęror C.

---

1. „non aliter — excedat“: **Iul. LXXXIX, 1.** 3. Vgl. pr. Inst. quib. mod. re contr. III, 14.

4. actio comodati. libello a me facto subscripsi. Comodati: P. P. Olim tibi comodaui unum uas argenteum, ut domi una in cena eo usus esses; quod debes michi restituere.
5. actio depositi. cuius. Ego. Depositi: P. P. Olim tibi deposui unum pallium pretii XX solidorum; quod debes michi re-
6. actio pignoris. stituere. cuius. Ego. Pignoris: P. P. Olim tibi misi pignori cyphum aureum gratia X solidorum michi a te mutuatorum, et his redditis debes michi restituere

DE VERBIS.

7. actio uerbi ex [*s*]tipulatu pure. pignus meum. cuius. Ego. Verborum: ita pure: P. P. Olim sum a te stipulatus, ut tu sponderes michi X soł., quos pure spopondisti. nunc quęro, ut sponsio-
8. actio uerbi ex [*s*]tipulatu in die[*m*]. nem tuam adimpleas. cuius. Ego. In diem: P. P. Olim sum a te stipulatus, ut tu sponderes michi X soł. in *fu*turas K̄. Martii, quos michi in easdem K̄. spopondisti. nunc transacta debes michi sponsionem
9. actio uerbi sub conditione. tuam adimplere. cuius. Ego. Sub conditione: P. P. Olim sum [*a*] te stipulatus, ut tu sponderes michi XX soł., si Iohannis episcopus factus fuisset, quos sub eadem condition*e* spopondisti. modo eo facto episcopo debes michi tuam promissionem adimplere.
10. actio facti pure. cuius. Ego. Facti: P. P. Olim sum a te stipulatus, ut sponderes michi te oppidum hic facturum, quod pure spopondisti. nunc quęro, ut sponsionem tuam adimpleas, debes enim; nam oportet te eum michi facere oppidum. cuius. Ego. Similiter de facto in
11. actio stipulationis facti pure nomine pęne. diem uel sub conditione. Facti pure pęnę: P. P. Olim michi promisisti stipulando te facturum michi murum

---

8 muatorum C^a^. 12 adimpleat C^a^. 14 in futuras] infitās C. 17 a te stipulatus] testipulatus C. 18 Iohannis] Iħis C. 19 conditionē C. 21 sum a te] sūte C^a^. 21 am Rande actio facti pure] actio stipulationis facti pure?

---

4. Vgl. §. 2 Inst. eod. **5.** Vgl. §. 3 Inst. eod. **6.** Vgl. §. 4 Inst. eod. **7.** Vgl. §. 2 Inst. de verb. obl. III, 15. **8.** Vgl. §. 2 Inst. cit. **9.** Vgl. §. 4 Inst. eod. **10.** Vgl. §. 7 Inst. eod. **11.** Vgl. §. 7 Inst. cit.

unum, quem si non fecisses usque ad K̄. futuras
aug̅., ut dares michi pęnę nomine XX soł. modo
K̄. transacta muro non facto quero, ut hanc pęnam DE SCRIPTURIS.
michi adimpleas, debes enim. cuius. Ego. Obligatio- actio obligationis scripture. **12.**
nis scripturę: P. P. Olim te obligasti michi per hanc
scripturam, in qua scripsisti de debere michi XX
soł. causa mei mutui. quos peto, ut michi tribuas,
quoniam eos michi debes, quia tibi dudum mutuando DE VENDITIONIBUS.
XX soł. numeraui. cuius. Ego. Venditi. P. P. Olim actio uenditi. **13.**
ti[*bi*] uenditi unum ęquum, pro quo fuit conuentio
inter nos te daturum michi XX soł., quos oportet te DE EMPTIONIBUS.
dare michi tradito a me tibi ęquo. cuius. Ego. Emti: [*actio emti.*] **14.**
P. P. Olim emi a te bouem unum, pro quo dedi tibi
XX soł. quem bouem oportet te tradendo dare michi
datis pro pretio eius tibi a me denariis. ‖ cuius. Ego.
f. 60 (59) b. Estimati: P. P. Olim conuenit inter me et te, ut actio estimati. **15.**
quanti Titius ęquum meum estimauerit, tanti sit emtus
a te, et ille exstimauit illum ualere X soł.; quos
oportet te dare michi tradito a me tibi ęquo. cuius.
Ego. Permutati: P. P. Olim conuenit inter me et te, actio permutati. **16.**
ut permutationem ea conuentione inter nos faceremus,
ut [*t*]u dares michi unum bouem, ego tibi unum
ęquum. modo a me ęquo tibi dato oportet te dare DE LOCATIONIBUS.
michi bouem. cuius. Ego. Locati: P. P. Olim con- actio locati. **17.**
uenit inter me et te, ut locarem tibi unum ęquum,
cuius ęqu*i in* locatur*am* conuenisti mecum te daturum
michi X dn̄r̄, si tu duceres eum usque ad Mediolanum. quo ducto oportet te eos denarios dare michi,

---

4, 5 des Textes Oligationis C^a. 9 numeraui] mutuaui C^a. 24 locoti C^a. 26 ęqūū locatura (statt ęqui ī locaturā) C. 28 quo duct zweimal C^a.

---

12. Vgl. Inst. de litt. obl. III, 21. **13.** Vgl. Inst. de empt. et vend. III, 23. **14.** Vgl. Inst. tit. cit. **15.** Vgl. §. 1 Inst. eod. **16.** Vgl. §. 2 Inst. eod. **17.** Vgl. pr. Inst. de loc. et cond. III, 24. **18.** Vgl. pr. Inst. eod.

18. actio conducti. debes enim. cuius. Ego. Conducti: P. P. Olim fuit conuentio inter me et te, ut ego conducerem a te unum ęquum usque ad Mediolanum, quem michi locabas XX dn̄r. nunc datis a me tibi denariis oportet te dare michi ęquum, ut illuc ducam, debes enim. cuius. Ego. Vel ita locati, uel conducti ita: P. P. Olim fuit conuentio inter me et te, ut ego darem tibi X dn̄r, quatenus tu locares michi tuum ęquum egoque conducerem usque Mediolanum; quem peto, ut permittas illum nunc in illo ducere loco, debes enim tu dare eum michi sub illa locatura. cuius. Ego.

19. actio prescriptis uerbis. Prescriptis: P. P. Olim conuenit inter me et te, ut commodares michi tuum ęquum, ego acomodarem tibi meum bouem per X dies. nunc uero acomodaui tibi meum bouem, modo igitur postulo, ut michi adimpleas quod michi conuenisti, debes enim; nam oportet te hoc facere michi. — uel: apud te bos meus perit, cuius pretii medietatem laudatura iudicis meaque conuentione oportet te dare michi. — cuius.

20. actio emphyteusis. Ego. Emphyteusis: P. P. Olim conuenit inter nos, ut ego traderem tibi terram talem, quę est in tali loco, perpetuo fruendam, et conuenisti mecum, ut dares in unoquoque anno dn̄r sex. quos tradita terra a me tibi perpetuo fruenda oportet te dare michi, debes enim. cuius. Ego.

DE SOCIETATE.

21. actio societatis. Societatis: P. P. Olim consensimus inter nos, ut coiremus societate[*m*] omnium nostrorum bonorum — uel: alicuius negotiationis — ea conuentione, ut quicquid lucri uel dampni esset, comune haberemus. in qua commissum est michi dampnum

---

6 Vel ita locati] Hier scheint eine Formel zu fehlen. 10 in] über der Zeile. 12 Prescriptis] uerbis beizufügen? 14 acomodatu C^{a}. 17 facę̄ C. 29 haberęmus C.

---

19. Vgl. §. 2 Inst. eod. **20.** Vgl. §. 3 Inst. eod. **21.** Vgl. pr., §. 1, 9 Inst. de societ. III, 25.

tua culpa uel dolo pretii XX solidorum — *uel:* tantum lucri habuisti inde —. cuius emendationem oportet te facere michi, debes enim. — uel: cuius partem michi debes dare, debes enim. — cuius.

DE MANDATO.

22. actio mandati.

Ego. Mandati: P. P. Olim tibi mandaui, ut tu michi emeres unum ęquum, quem non emisti ita ut michi promisisti, et inde dampnum habui X soł., quos debes emendare michi, debes enim. — [*uel:*] Olim michi mandasti, ut ego emerem tibi unum ęquum, et emi ex denariis meis, quos ad nos reddere debes, oportet enim. — cuius.

ACTIONES EX CONTRACTU UC USQUE SUNT. NUNC UERO DE QUASI EX CONTRACTU DICENDA SUNT.

23. actio negotiorum gestorum.

Ego. Negotiorum gestorum: P. P. Olim cum absens *eras* Papiæ, ego gerens tuum negotium preparaui uineas tuas, in quibus impendi pretium X solidorum, quos michi debes reddere, oportet enim. cuius. Ego. uel: Olim absens *eram* Papię, tu negotium meum gerens ita aministrasti illud, quod inde habui dampnum X soł, quos debes emendare michi, oportet enim. cuius.

24. actio tutelę.

Ego. Tutelę: P. P. Olim fuisti meus tutor, et dum meam tutelam aministrabas, fuisti neglegentia dampnatus XX soł, quos oportet te emendare michi, debes enim. cuius. Ego. P. P. Olim fui tuus tutor, et dum tutelam tuam amministrabam, impend*i* in rem tuam XX soł, quos oportet te dare michi, debes enim. cuius.

25. actio de comuni diuidundo.

Ego. De comuni diuidundo: P. P. Olim fuit comunis unus campus inter me et te, et tu solus perc*e*pisti omnes fructus illius; quorum partem debes dare michi, oportet enim. cuius. Ego. P. P. Olim fuit seruus unus comunis, et ego solus in eo necessarias impensas feci; quarum partem oportet te dare michi. cuius.

26. actio familię herciscunde.

Ego. De erciscunda

---

1 uel] set C. 10 redderę C. 12 earas C. 14 redderę C. 15 earam C. 23 impendisti C. 26 percipisti C.

---

22. Vgl. Inst. de mand. III, 26. **23.** Vgl. §. 1 Inst. de obl. quasi ex contr. III, 27. **24.** Vgl. §. 2 Inst. eod. **25.** Vgl. §. 3 Inst. eod. **26.** Vgl. §. 4 Inst. eod.

familia: P. P. Est inter me et te comunis hereditas, quam debes michi diuidere, et fructus quę habuisti solus, oportet te reddere, debes enim. cuius. Ego.

27. actio legati. Legati: P. P. Olim I. instituit te suum heredem et a te legauit michi XX soł, quos oportet te dare michi,

28. actio per errorem dati. debes enim. cuius. Ego. Per errorem dati: P. P. Olim tibi solui per errorem X soł quos tibi soluere non

DE MALEFICIIS. debui; quos condicendo oportet te reddere michi,

29. actio furti. „Cum expositum". debes enim. cuius. Ego. Furti: P. P. Olim comisisti michi furtum in uno meo ęquo qui ualebat C soł; cuius[que] criminis penam a te exigo, qua oportet te

30. actio rei furatę. urgueri. cuius. Ego. Rei furatę: P. P. Dico te habere unum meum ęquum, quem olim uel tu uel pater tuus michi furto abstulit, set tu pro quo crimine penam emendasti. nunc igitur quero, uel ęquum, si habes, michi restituas, uel, si non habes, condicendo

31. actiò ui bonorum raptorum. „Qui res alienas". alium similem tribuas; debes enim. cuius. Ego. Vi bonorum raptorum: P. P. Olim abstulisti michi *ui iumentum* quod ualebat XX soł. cuius. Ego. Olim inuasisti unum meum campum perticarum trium.

32. actio dampni iniurię. „Dampni iniurię". cuius. Ego. Dampni iniurię: P. P. Olim me dampnasti XX soł iniuriose occidendo unum meum bouem — uel: unum meum seruum —, qui infra eum annum in quo eum interfecisti fuit talis qui ualebat XX soł. cuius. Ego. Olim me dampnasti XX soł iniuriose occidendo unum meum seruum qui heres erat institutus hereditatis ualentis XX soł. cuius. Ego. Olim dampnasti

---

2 diuiderę C. 3 redderę C. 7 solui] solli C[a]. 8 redderę C. 12 haberę C. 18, 19 ui iumentum] intantū (statt ui iumtū) C. 21, 22 am Rande actio dampni iniurię] actio dampni in iure C[a]. 22 iniuriosę C. 24 interficisti C. 26 instituturus C[a].

---

27. Vgl. §. 5 Inst. eod. **28.** Vgl. §. 6 Inst. eod. **29. Inst. de obl. quae ex del. IV, 1.** Vgl. §. 5, 19 Inst. h. t. **30.** Vgl. §. 19 Inst. eod. **31. Inst. vi bon. rapt. IV, 2.** **32. Inst. de L. Aquil. IV, 3.**

me X soł iniuriose uulnerando unum meum seruum
— uel: unum meum bouem — uel: occi*d*endo unam
meam quadrupedem quę *in* pecudum numero est —
uel: uulnerando — uel: aliud damnum michi faciendo
eius rei quę infra XXX dies talis er*at* quę ualeb*at*
XX soł. cuius. Ego. Olim ex tuo facto sum dampna-
tus X soł. cuius. Ego. I*niu*rię: P. P. Olim michi actio iniurię. „Generaliter“. **33.**
fecisti talem iniuria[*m*] dando michi unum colaphum,
f. 61 (60) a. quam nollem te fecisse ‖ michi per C soł. — uel ita:
tu michi fecisti talem iniuriam, pro qu*a* tu debes
emendare michi C soł. — cuius. Ego. Quasi male- actio quasi maleficii. „Si iudex litem suam“. **34.**
ficiorum: P. P. Olim misisti in me difin[*i*]tiuam sen-
tentiam non iustam, ex quo facto. cuius rei gratia
acusando et apellando queror aduersum te. [*Ego.*]
Olim tu — uel: seruus tuus — uel: aliquis tuus — pro- **35.**
iciendo unum uas de tuo cenaculo dampnasti me pre-
tii XX soł. cuius. Ego. Olim temere uel posuisti uel
suspendisti lignum *in* publico itinere, quod cadendo
michi pernimium nocuit. cuius. Ego. Olim eiecisti
de tuo cenaculo unum lapidem, cuius ictu mortuus
est frater meus. cuius. Ego. uel: nimium uulnera-
t*us* est, cuius uulneris grauitas michi *pernimium*
nocuit. cuius rei gratia extimatione iudicis debes
michi dare XX soł. cuius. Ego. Olim perdidi unum **36.**
modium salis furto uel dolo cuiusdam tui, cuius opera
exercebas nauim tuam, in qua habebam illum unum

2 occicendo C. 3 impecudum C. | est] non est C[a]. 5 erant quę ualebant C. 7 Iinrię C. 10 quā C. 12 difintiuam C[a], difiniuam C[b]. 13 ex quo facto cuius rei gratia C. S. unten §. 36 a. E. Wahrscheinlich soll hinter „ex quo facto“ ergänzt werden: „sum dampnatus X soł.“ oder etwas dergleichen. Vgl. §. 32 a. E. 18 impublico C. 21 fr̄ (= frater) C. 21, 22 uulneratū C. 22, 23 nimium pernocuit C.

33. Inst. de iniur. IV, 4. 34. Inst. de obl. quae quasi ex del. IV, 5. Vgl. pr. Inst. h. t. **35.** Vgl. §. 1 Inst. eod. „frater meus“: vgl. L. 5 §. 5 D. de his qui effud. IX, 3. **36.** Vgl. §. 3 Inst. eod.

modium salis. cuius. Ego. Olim perdidi unam libram piperis — uel: unum sextari*um* uini — furto uel dolo cuiusdam tui, cuius opera exercebas unam cauponam, in qua habebam illud piper — uel: uinum —. cuius. Ego. Olim perdidi unum meum iumen[*tum*] furto uel dolo cuiusdam [*tui, cuius*] opera exercebas tuum stabulum, in quo habebam iumentum meum. Et in

DE ACTIONIBUS IN REM. his dicendum est „ex quo facto.“, antequam dicas:

37. „Superest ut de actionibus“. „cuius. Ego.“ In rem actiones: P. P. Dico terram, quę est in tali loco, quę habet talia coherentias, meam esse; quam tu detines michique contendis. cuius. Ego.

38. Dico usufructum talis campi esse meum meque eo uti debere; quem michi detines michique contendis. et ita in omni iure afirmatiue. et similiter negatiue in non utendo, non fruendo, non eundo, et ita in cęteris. et in omnibus possunt his patres uel domini

39. actiones publiciane. pro filiis uel seruis experiri uel conueniri. Publiciane: P. P. Dico tale urbanum predium esse meum pro[*p*]terea quia usucepi; quod tu michi detines michique contendis. cuius. Ego. Dico talem terram me olim possedisse atque usu cepisse, et ob eam rem confiteor esse meam; quam terram tu michi detines michi-

40. que contendis. cuius. Ego. Dico terram quam sententia presidis nunc possideo, olim tibi a debitore meo in fraudem meam [tibi] traditam esse, et ob id affirmo traditam tibi iure non fuisse, *set* in bonis

41. illius mei debitoris mansisse. cuius. Ego. P. P. Dico illum ęquum fuisse cuiusdam mei coloni, qui michi debet X soł, ob quam rem omnes res eius teneri michi deberent iure pignoris; ideoque ipsum unum

---

2 sextarii C. 8 Vgl. oben §. 34. 13 deberę C. 15 utendo] eundo C[a] | eundo] utendo C[a]. 26 set] si C.

---

37. Inst. de action. IV, 6. Vgl. §. 1 Inst. h. t. **38.** Vgl. §. 2 Inst. h. t. **39.** Vgl. §. 3—5 Inst. eod. **40.** Vgl. §. 6 Inst. eod. **41.** Vgl. §. 7 Inst. eod.

ęquum iniuriose michi detines michique contendis.
cuius. Ego. Dico te olim tradidisse michi unum ęquum
causa pignoris ypotheceue gratia, V soł tibi prestitis.
quem ęquum, quoniam solidos nequis michi reddere,
[*iniuriose michi*] detines *michique* contendis. cuius.
Ego. P. P. Olim mutuaui tibi X soł, pro qua re obli-
gasti michi unum campum ea conditione, ut liceret
michi illum uendere, nisi redderes illos denarios
michi infra unum annum. quem dico obligatum teneri
michi; quem tu michi detines michique contendis.
cuius. Ego. P. P. Olim mutuaui D. XX soł, et pro **42.**
eo constituisti tu michi daturum XX soł, si ipse
michi non reddered eos; quos debes reddere michi,
debes enim. cuius. Ego. P. P. Olim iuraui *te* de- **43.**
bere michi X soł; quos oportet te dare michi, debes
enim. cuius. Ego. P. P. Olim iussu tuo mutuaui D. **44.**
uel [pro] filio uel seruo tuo X soł, quos debes red-
dere michi, oportet enim. cuius. Ego. P. P. Olim **45.**
preposuisti *unum tuum* seruum naui tue, et eius rei
gratia mutuaui sibi X soł, quos debes reddere michi,
oportet enim. cuius. Ego. P. P. Olim preposuisti tuum
seruum uel liberum hominem tue taberne, et eius
rei gratia mutuaui sibi X soł, quos debes reddere
michi, oportet enim. cuius. Ego. Olim P. tuus seruus **46.**
te sciente negoti*a*batur in peculiari merce, et eius rei
gratia mutuaui [*sibi*] X soł, quos tu debes retribuere
michi. cuius. Ego. P. P. Olim mutuaui tuo seruo **47.**

---

1 iniureose C[a]. 5 michique] michi quod C. 14 iuraui tu und am Rande: al̄ iurauisti (iurauiste C[a]) te C. 19 unum tuum] mutuum C. 18—21 Die Formel folgt in der Handschrift noch einmal; statt mutuum heifst es diesmal m̊ tuum (= michi tuum), und hinter mutuaui fehlt sibi. 25 negotiebatur C.

---

42. Vgl. §. 8 Inst. eod. **43.** Vgl. §. 11 Inst. eod. **44.** Vgl. §. 1 Inst. quod cum eo IV, 7. **45.** Vgl. §. 2 Inst. eod. **46.** Vgl. §. 3 Inst. eod. **47.** Vgl. §. 4 Inst. eod.

X soł, et ipse tuus seruus habet tantum peculii, quod michi bene potes illos reddere, debes enim — uel: in
48. „Animalium nomine". rem tuam dedit eos —. cuius. Ego. [*P. P.*] Olim ęquus tuus percussit calce unum meum asinum, qui ualebat
49. soł C. cuius. Ego. P. P. Olim posuisti unum tuum leonem, ubi uulgo fuit iter, et michi ita nocuit — uel: ęquo meo crux fregit —. cuius. Ego. P. P. Olim unus tuus leo interfecit unum meum asinum. cuius. Ego.
50. Libellus responsionis: „Die sabati tertio Kalendarum questus est P. aduersus me dicens (tunc debet scribi totus libellus acusationis). quam querelam dico non esse ueram." et ita in omnibus. uel: „non debeo sibi respondere, quia tacuit tantum quantum lex precipit." [*uel*] debet opponere aliquam exceptionem.

---

4 meo Cª.

---

48. Inst. si quadrupes paup. IV, 9. Vgl. pr. Inst. h. t. **49.** Vgl. §. 1 Inst. eod. **50.** Vgl. die Formel des Libellus contradictionis bei Conrat, Epit. Exactis reg. S. CXXI. und bei Fitting, Jurist. Schriften des früheren MA. S. 78 fg.

5.

Anhang der zweiten fingirten Constitution.

f. 61 (60) a.
v. 46.

Actio mutui: „Dico me tibi mutuasse olim soł X. loco eorum debes dare michi alios X sortis nomine, usurarum uero gratia soł duos.“ Potest hic queri, utrum in rem an in personam constituatur hęc actio. set apparet in personam esse, quia ex obligatione nascitur. omnis enim actio ex obligatione descendens in personam est. Si uero ex obligatione descendit, uidendum est, cuius generis sit obligatio, utrum ciuilis an pretorii. item solet queri, utrum obligatio hęc ex contractu uel quasi contractu, et utrum ex maleficio an quasi ex maleficio proficiscatur. et constat eam ex contractu nasci, quia uidelicet procedit ex re. omnis enim contractus uel re fit uel uerbis uel litteris uel consensu. set hic re fit, igitur ex contractu. Set nota diffinitione obligationis uniuersalis, uidelicet contractus et ceterorum, uidendum est, qualiter ipse contractus difiniatur. est enim contractus, ut in digestis legitur, duorum pluriumue consensus in idem, quo alter alteri obligatur. Huic uero actioni quę est de mutuo solet inficiatio uel exceptio aliqua iure tamen cognita opponi. set inficiatio omnis uel

21 cognita] connita C[a].

1—3 Vgl. zweite fingirte Const. §. 3. 17—19 S. Institutionenglosse 106.

particulariter est uel uniuersaliter. uerum colibet modo neganti probatio ab actore infertur, testibus uidelicet uel instrumento; ubi uero ista defecerint, aut consensu utriusque partis iure iurando res deciditur, aut per iudicem inopia probationum causa cognita iure iurando nichilominus dirimatur.

1, 2 Vgl. Institutionenglosse 83. 5, 6 Vgl. L. 3 C. de reb. cred. IV, 1: „In bonae fidei contractibus nec non etiam in aliis causis inopia probationum per iudicem iureiurando causa cognita res decidi potest.“

Halle a. S., Buchdruckerei des Waisenhauses.

FSC
www.fsc.org
MIX
Papier | Fördert
gute Waldnutzung
FSC® C083411

Kolibri 360 GmbH
Ferdinand-Jühlke-Straße 7
99095 Erfurt, Deutschland
produktsicherheit@kolibri360.de